Het draait allemaal om fortuin

Op zoek naar het wezen van kansspel en
spelers in literatuur, opera en film

–Videopoker of Black Jack-automaat,
van IGT, Verenigde Staten

–De Jack Pot Roulette van
het Oostenrijkse Trade Mark

1,20

Wim Wennekes

Het draait allemaal om fortuin

Op zoek naar het wezen van kansspel en
spelers in literatuur, opera en film

Thomas Rap—Staalstraat 10—Amsterdam

LA ROULETTE

50'   50'

75'

ROULETTE "MONACO"

50' ou 75'

INHOUD

–*La Roulette Bussoz, anno 1922.*

Eene korte Verklaaring van de Orde die in dit Spel gehouden word.

Te Amsterdam, by de Erve H. Rynders, in de tweede Toindwarsstraat.

–Oud Nederlands 'roulettespel', de voorloper
van de 'echte' roulette; achttiende eeuw

–Jean Becaud, *Roulette anno 1890*

Het draait allemaal om geld. Altijd. Overal. En dus ook in de casino's van de wereld.
Je kunt daar op tegen zijn, maar zo is het nu eenmaal. Oorverdovend rinkelt het geld bij de fruitautomaten. Meer decent is het geluid van fiches, speelkaarten en dobbelstenen, maar hoe hoog de inzet ook is: het draait altijd om geld.
De deftige negentiende eeuwse schrijver van zedenromans Jacob van Lennep draaide er niet omheen in zijn gedicht:

> Geld is de grootste vriend.
> Van vriendschap heb ik veel gehoord,
> Maar wat men daarvan meld',
> In tegenspoed, geloof mijn woord,
> Geen beter vriend dan geld.
> Ja geld is de vriend,
> Die 't beste u dient,
> Ja geld is de beste vriend.

Zeker, het draait allemaal om geld, maar ook om hoop, geloof en liefde. *Hoop* op de goede afloop, *liefde* voor spelen als Roulette, Black Jack, Punto Banco en *geloof* in de mogelijkheid te kunnen winnen.
Wat de speler naar de hemel voert is tastbaar geld. Natuurlijk is ook een gang naar de hel mogelijk: het verlies. Dat is het risico en hoort bij de harde werkelijkheid.
Het vergt moed om te spelen. Wie er niet toe beslist, leeft zijn of haar leven zoals het komt. Wie speelt hoopt op meer. En wat het aardige is: bij verlies zal geen mede-speler je nazien als een *loser*, als een tragische figuur. Waardig kun je je afgang maken.
Even hoffelijk wordt het je gegund de winst op te strijken en langs de voordeur te verdwijnen. De speler is altijd een held.
De echte speler is ook altijd een romanticus pur sang. Je voelt, ruikt de opwinding om hem of haar heen, al wordt het weinig getoond in de Europese casino's. Wel wordt de spanning soms voelbaar en

9

zichtbaar wanneer op een tafel grote bedragen omgaan: uit de hele zaal verzamelen zich dan spelers om zo'n tafel, aangetrokken door een magnetische kracht: nieuwsgierigheid naar de afloop. Alleen de croupiers en andere spelleiders staan er buiten, en strijken ogenschijnlijk emotieloos met hun harkjes. Faites vos jeux, Rien ne va plus. Zo zijn de spelregels, en zo wordt er gespeeld. Open en bloot. Voor iedereen te volgen en te controleren.

Toch komt het kansspel er niet best af in de wereldliteratuur. Ook in films, opera's en andere kunstwerken die aan het spelen zijn gewijd, draait het allemaal om drama. Dat is begrijpelijk, want zonder drama is literatuur geen literatuur en ook film en opera kunnen onmogelijk zonder. Voor dit boek ben ik op zoek gegaan naar fragmenten uit speeldrama's en al doende gefascineerd geraakt door de spelfascinatie van schrijvers, cineasten en componisten. Schrijvers als Dostojevski en Multatuli mogen dan weinig geluk hebben gehad tijdens hun gang langs de speeltafels van het negentiende eeuwse Europa, zij waren wel vervuld van geloof, hoop en liefde voor het kansspel. In hun werk geven zij daar treffende staaltjes van. Ook meer hedendaagse auteurs als Mario Puzo (The Godfather) en Françoise Sagan (Bonjour Tristesse) verklaarden openlijk hun liefde voor het grijpen van kansen aan het groene laken. Puzo beweert zelfs een beter mens te zijn geworden door zijn avonturen aan de speeltafel. Sagan heeft er per saldo meer bij gewonnen dan verloren.
Alles is mogelijk. Winst èn verlies. Dat blijkt ook uit de tientallen films en opera's waarin het kansspel centraal staat of om de hoek komt kijken. Er vallen schoten en doden, maar bij nadere beschouwing valt het allemaal wel mee met het drama in al die gokdrama's.
Ook de makers van deze werken waren gebiologeerd door het spel, anders hadden zij er geen onderwerp in gezien. Vanuit diezelfde fascinatie heb ik dit boek geschreven en ontdekt dat het inderdaad allemaal om geld draait, en om geloof, hoop en liefde.
Even aangrijpend is de historie van het kansspel en van de opkomst van de casino's.

Niets was toeval. Omdat de eerste casino's in Parijs moesten sluiten, verplaatste het spel zich halverwege vorige eeuw naar Duitse kuuroorden als Baden-Baden en Bad Homburg. Toen daar de speelbanken sloten, op last van de Duitse leider Bismarck, die het kansspel niet vond passen bij de Pruisische deugden, verhuisden de speeltafels naar Monte Carlo. Nieuwe tijden brachten nieuwe wetten en regels, en daarmee nieuwe casino's, die overal waar zij zich vestigden het geld lieten rollen om de omgeving van deze geldspeeltuinen zo aantrekkelijk mogelijk te maken.

Wie tegen spelen is, zou nooit een voet moeten zetten in een aantal van de mondainste badplaatsen, kuuroorden en pretsteden als Monte Carlo en Las Vegas, want geen palmboom of fontein is er betaald uit andere inkomsten dan de winsten van speelbanken.

Het draait àllemaal om geld.

Vrijdag, 13 maart 1992, Chez Gendron St. Palais de Blaye   *Wim Wennekes*

Horatius: ... nec lucisse pudet, sed non incidere ludum (Spelen is geen schande, mits men maar van ophouden weet)

–Caravaggio:
kaartspelende soldaten

–Groothertog en -hertogin van
Beieren aan het kaartspel;
detail van een Duitse
gravure uit 1500

Van dobbelstenen en duivels prentenboek
tot roulette en fruitautomaat

Wees gerust, ik ga hier heus niet de hele pre-historie van het kansspel uit de doeken doen, dus geen woord over het dobbelspel bij de Egyptenaren, Assyriërs, Grieken en andere vroege beschavingen, maar om de oude Romeinen kom ik niet heen. Onder het kruis van Golgotha dobbelden de Romeinse soldaten om de kleren van Jezus. Veldheren en soldaten deden het op het slagveld, priesters in de tempel, de Romeinse keizers in hun paleizen en het volk thuis of op het Forum. De wetten verboden het wel, maar waren krachteloos. Bij de Grieken—om die toch even te noemen—dobbelden Achilles en Ajax voor de muren van Troje. De kruisridders deden het later voor de poorten der Heilige Stad. Graven en gravinnen dobbelden om hun hof, sommigen hadden dag en nacht de kroes met de dobbelstenen bij zich. De negentiende eeuwse onderzoeker naar volksvermaken Jan ter Gouw pluisde dat allemaal uit en constateerde dat geen volk zonder dit vermaak kon, al waarschuwden zedeprekers nog zo hard voor de gevaren van dobbelspelletjes als Tiktakken en Muizebruijen. De theologanten keken er de Tien Geboden op na en bevonden dat het dobbelen tegen alle geboden zondigt. Tegen het 1ste, omdat de dobbelaar het geluk tot zijn god neemt; tegen het 2de omdat de dobbelstenen gesneden afgoden zijn; tegen het 3de, omdat bij het dobbelen veel gevloekt wordt; tegen het 4de, omdat er op geen dag meer gedobbeld wordt dan juist op zondag; tegen het 5de, omdat de dobbelaar 'naar de vermaning zijner ouders niet hoort'; tegen het 6de, omdat door het dobbelen ruzie, van ruzie vechten en van vechten doodslaan komt; tegen het 7de, omdat het dobbelspel een broertje van de ontucht is; tegen het 8ste, omdat de dobbelaar zich op niets anders toelegt dan om een ander het zijne te ontnemen; tegen het 9de, omdat nergens meer bij gelogen wordt dan bij het dobbelen; en tegen het 10de, omdat het dobbelen 'een onverzaderlijk begeeren' is.

Ook vandaag de dag zijn spelletjes met dobbelstenen nog in leven. En hoe!

–Jan Steen:
vechtende
kaartspelers

–Kansspelen op verschillende intellectuele
niveaus, 16e eeuwse houtsnede

–'The dice are hot'—Craps in Las Vegas

14

Het meest luidruchtige dobbelspel, hoofdzakelijk gespeeld in Amerikaanse casino's, is Craps, dat gepaard gaat met veel geschreeuw ('the dice are hot'), gekreun, rood aangelopen hoofden en uitbundige vreugde. Reden voor die opwinding is dat bij Craps de winstkansen wat hoger zijn dan bij Roulette. Het is echter geen makkelijk te doorgronden spel doordat talloze inzet- en speelcombinaties mogelijk zijn en ook de indeling van het laken er ingewikkeld uitziet. Volgens John Scarne, Amerika's grootste expert op het gebied van kansspelen, is Craps via arme negerslaven in het zuiden van de VS in de casino's terecht gekomen en wordt er na het spelen op de effectenbeurzen en paardenraces het meest verspeeld met dobbelstenen aan de Craps-tafels.

Veel gebruikt in de hedendaagse casino's zijn speelkaarten, in het verre verleden door de geestelijkheid uitgeroepen tot het prentenboek van de duivel. Volgens de verhalen waren zich vervelende concubines van Chinese keizers de eersten die kaart speelden, maar wat moet je daarvan geloven? Deskundigen op het gebied van de historie van de speelkaart spreken elkaar voortdurend tegen. Italiaanse auteurs zoeken de oorsprong van het kaartspel in Italië en noemen Punto Banco als een van hun oudste spelletjes.
Spanjaarden en Fransen beweren dat Spanje en Frankrijk de bakermat waren van hazard-spelen als Lansquenet, Ombre, Ecarté, Baccara(t), Trente et Quarante, Piquet, Pharaon en Vingt-et-un. Dit laatste spel, getransformeerd tot Black Jack, was het favoriete spelletje van Napoleon en zijn Joséphine. Ook de zonnekoning Louis XIV en zijn Marie Antoinette hielden van een spelletje kaart.
Zeker is dat het kaartspel in populariteit won na de uitvinding van de boekdrukkunst. Vòòr die tijd moesten speelkaarten met de hand worden getekend of geschilderd. De afbeeldingen op de kaarten verwezen naar hoe de maatschappij in elkaar zat: Koningen, Heren, Vrouwen, Boeren of Lansknechten en Azen (vlaggen).
In Duitsland werd Skat het nationale spel, in Engeland Whist, later gevolgd door Bridge. Nederlanders hielden het vooral op Klaverjassen

8

Wie wilder wie felder.

VIII.

–Oude speelkaart, een pagina uit het prentenboek van de duivel

−Een speelkaart uit 1470, uit het oudst bekende kaartspel

–Skatspelers; houtgravure,
tweede helft negentiende eeuw

–Black Jack, overal populair,
dus zeker in Las Vegas

en Zwikken. Amerikanen bedachten variaties als Poker, Gin-rummy, Coon-Can en Black Jack (= Zwarte Boer). Met Boule en Baccara-variaties als Chemin-de-Fer (door Amerikanen betiteld als Chemmy) behoort Black Jack nu tot de populairste casinospelen.

Overheden, priesters en predikanten hebben aldoor gewaarschuwd voor de gevaren van wat zij betitelden als 'des duivels prentenboek', dit vanwege de emoties die het kaartspel los maakte. Het dreef tot hoge inzetten, verspelen van huis, haard en vrouw, dronkenschap, vals spelen, ruzies en gegooi met gloeiende haardstellen.
Talloze roomskatholieke paters en priesters, zoals de Jezuïet Ignatius van Loyola, wierpen speelkaarten op de brandstapel. In Nederland

*–Ruzie in het spel tengevolge
van drankzucht, kopergravure,
door Adriaen Brouwer*

*–Johannes van Capistrano preekt in
1454 te Nürnberg tegen het spel.
Bordspelen, kaarten, en dobbelstenen
worden in het openbaar verbrand;
houtgravure van Hans Leonard
Schäufelen, leerling van Albert Dürer*

*–Les Joueurs de cartes,
1890-1892, Cézanne*

–Harten troef, 1889,
Sir John Everett Millais

–Zondagmiddag, 1893, door Sandor Bihari

trad de Amsterdamse pater Abraham van St. Clara in 1736 op tegen
het prentenboek van de duivel. In een boekje noemde hij als voornaamste oogmerk van kaartspelers 'synen Evenaasten het geldt uit de
beurs te steelen'. De predikant H. de Frein uit Middelburg verklaarde
in de achttiende eeuw: 'Het kaartspel wordt vergezeld door tijdver-

lies, geldquaestiën, onrechtveerdigen handel, gekijf, vloeken, lasteren, droefheid, ongenoegen, onverzadelijke verhitting, zotte verslaeftheid, twisten en doodslagen'. Stedelijke besturen en Gelderse hoven verboden het kaartspel op straffe van verbanning voor tien dagen. Herbergiers werden bedreigd met intrekking van hun vergunning wanneer zij gelegenheid gaven tot kaartspelen.
Ook aan boord van de schepen van de Vereenigde Oostindische Compagnie was kaarten verboden, evenals dobbelen en andere gokspelen. Nooit en nergens was de speelzucht echter uit te roeien.

Het meest duister is het ontstaan van de moeder van alle casinospelen: de Roulette. Natuurlijk, de naam wijst op Franse afkomst en ook de Franse Larousse-encyclopedie weet niet beter of deze vinding was van Franse origine. Laten we het daar op houden. Vast staat, dat het spel binnen Europa voor het eerst populair werd in het eind-achttiende-eeuwse Parijs, waar de Roulette onder meer draaide in het Palais Royal, totdat 'Burgerkoning' Louis Philippe het spel in 1838 verbood en daarmee de weg vrij maakte voor het ontstaan van illegale speelholen (zogenaamde 'tripots').
Het belangrijkste gevolg van zijn verbod was een verdere popularisering van het spel in het buurland Duitsland, en daarna over de hele wereld. De rest van het ontstaan van het casinowezen is geschiedenis, en wordt in een volgend hoofdstuk beschreven.

Een uitvinding van eind vorige eeuw is de speelautomaat, voorafgegaan door de introductie van automaten voor de verkoop van kauwgom, sigaretten en postzegels. Ook over het vaderschap van de zogenaamde 'slotmachines', werkend op munten, is veel gestreden. De Fransen schuiven Pierre Bussoz naar voren, vader van onder meer een automatenversie van Roulette en van een automaat om de toekomst te voorspellen. Amerikanen houden het op het vaderschap van de instrumentmaker Charles Fey uit San Francisco, een Amerikaan van Oostenrijkse geboorte, die aanvankelijk August heette en in 1895 voor de dag kwam met zijn eerste speelautomaat, de Liberty Bell, met

–Le Juge de Paix, een Franse
speelautomaat uit 1921, van
Bignell. Een dobbelmachine die
ook in de Verenigde Staten gretig
werd bespeeld

–Tura Bell, een Duits model uit 1933.
Exploitanten waardeerden het toestel
ook om zijn stevigheid

–Silent War Eagle, in 1931
vervaardigd in de Verenigde Staten

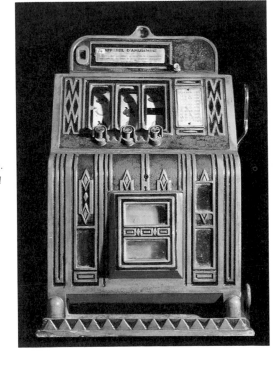

bellen op de rollen. De bellen werden speelkaarten en toen de Amerikaanse justitie jacht begon te maken op 'slotmachines' zou het idee zijn geboren de speelautomaten te vermommen als automaten voor snoepgoed. De symbolen van fruit gaven de smaken aan.

Fey verhuisde van San Francisco naar Chicago, het mekka van spelers en mafia. Daar bedacht hij de Jack-Pot en later ook een elektrische automaat voor zilveren dollars, dit in een poging van zijn opdrachtgevers de inzetten te verhogen. Latere generaties bedachten de superjackpot van aan elkaar gekoppelde automaten.

Fabrikanten als Mills in Chicago, ooit behorend tot het imperium van Al Capone, aapten de machines van Fey na en kwamen met apparaten als de Bonus Bell, Black Cherry en Silent War Eagle. Andere concurrenten in Chicago zoals Watling en Caille kwamen met Rol-A-Top, Blue Seal, Wa-Wo-Na en Grand Prize. Fabrikant Jennings bedacht Victoria Jackpot, Executive, Dutch Boy en de Totalisator.

Bussoz haalde vele Franse café's met zijn Roulette Bussoz, Paris Courses, 999 en Petit Casino. Tura in Duitsland kwam met Tura Bell en het voormalige tandtechnische fabriekje van Ainsworth Consolidated Machines uit Australië, een nieuwkomer van de jaren vijftig, bedacht het merk Aristocrat.

Ook deze machines werden en worden door sommigen gezien als in-

strumenten van de duivel. In Nederland zijn ze pas sinds 1986 toegestaan, nog later dan legale casino's, maar in Nederland gebeurde nu
eenmaal alles veel later, wist de Duitse dichter Heine al.
Heine dichtte:

'Das Glück ist eine leichte Dirne
Und weilt nicht gern am selben Ort
(Het geluk is als een lichte deerne
en vertoeft niet gaarne op dezelfde plaats)

Ovidius: Intra fortunam quisque debet manere
suam (Ieder moet binnen de grenzen van zijn
eigen lot blijven)

–Aankomst op McCarran Airport, Las Vegas

–Las Vegas, zoals iedereen het kent zelfs zonder er geweest te zijn

–De auteur voor het Flamingo Hilton in Las Vegas—'Thànk you vèrrry muc

Een balletje kan raar rollen

Door de geschiedenis van het casinowezen loopt een duidelijke rode lijn: dankzij het kansspel kwamen hele steden tot groei en bloei, voornamelijk badplaatsen en kuuroorden waar het roulettespel vooral in de avondlijke en nachtelijke uren diende als een bestrijdingsmiddel tegen de verveling. De bad- en kuurgasten hadden er de tijd en het geld voor.

In het Amerikaanse Las Vegas gebeurde zelfs het onmogelijke: midden in de woestijn verrees daar een een stad die spotte met alle wetten van het fata morgana: Las Vegas.

Er zijn veel manieren om die gokstad binnen te komen. De schrijver Anton Haakman was zo onfortuinlijk om Las Vegas te voet te bereiken, nadat zijn huurauto het had laten afweten bij gebrek aan benzinestations in de Nevada-woestijn. Mijn eigen aankomst was wel zo comfortabel: gewoon per vliegtuig, vanuit de lucht en bij daglicht al ziend wat een rare stad dit moest zijn: woestijn, woestijn, cactussen, het lint van een autoweg en dan ineens enkele buitenwijkjes voor croupiers, dames van de bediening en meisjes voor de nacht. Direct daarop volgt het centrum met als kern de eindeloze Strip. Al op het vliegveld, tot op de toiletten, bleek het mogelijk om mijn geluk op automaten te beproeven.

Per taxi arriveerde ik voor het Flamingo Hilton Hotel, waar de portiers en andere personeelsleden spotten met alle wetten van gastvrijheid en onbeschaamd hun hand ophouden voor iedere dienst, al is het maar het aanhechten van een label aan een koffer. 'Thànk you vèrrrry much', klinkt het snerend als je iemand over het hoofd ziet.

De hitte en eerste indrukken verdoofden de geest. Het werd al avond, maar het broeide nog steeds en de eerste lichten gingen aan. Bezijden de Strip—achter de bebouwing—zag ik niets dan zand, maar direct eraan groeiden palmbomen en zelfs boomsoorten die alleen bij een constante watertoevoer gedijen. Daar is dus voor gezorgd! Hele kunstmatige watervallen zijn gecreëerd, ook om flamingo's in leven te houden. Op een hectolitertje water kijken ze hier niet, net zomin als op een metertje neonlichtreclame of kilootje goudverf voor beelden van leeuwen en Romeinen.

In Las Vegas is alles anders. Dit is de hoofdstad van de hoogmoed, maar of de val ooit komt? Aan de fantasie en het cynisme lijkt voorlopig geen einde.

Ik was het zebrapad tussen de Flamingo en Caesar's Palace en The Mirage nog niet over, of ik gaf mij geheel en al gewonnen aan deze door mensen bedachte luchtspiegeling. Die eerste avond in Las Vegas heb ik niets vergokt dan een dollarkwartje, in de hoop en het geloof dat de uitslag mij zou leren of ik door moest gaan. De uitslag was: stoppen en alleen nog maar kijken. Ik wist niet wat ik zag: al die verwoed spelende mensen, veel minder ingetogen dan in Europese zalen, ruikend naar zweet, met overal pop-corn bekers vol munten en rinkelende automaten. Miep-miep-miep! Een geldtransport-treintje, bestaand uit een electrisch locomotiefje en enkele wagonnetjes ging voorbij, met een sleep open en bloot uitgestalde munten en zilveren dollars, op weg naar de kluizen, begeleid door enkele potige jongens van de security. Oef, even een frisdrankje gekocht bij een Bunny met flikkerlichtje en een mandje lekkers onder haar decolleté.

Zo ben ik rond gegaan, tot het diep in de nacht was. Sindsdien, en na ervaringen in minder krankzinnige speeloorden, kan ik het kansspel niet anders zien dan als een onuitroeibare menselijke ondeugd, een onblusbare passie. Misschien kun je in speeltijd beter een boek lezen zoals dit, maar dan loop je nooit de kans op fortuin en ervaringen voor het leven.

De eerste speelhuizen van de wereld, zo willen Amerikaanse bronnen, openden in 1718 hun deuren in New Orleans. Na bijna een eeuw moesten zij sluiten; enkele jaren later mochten zij weer open. In 1827 was het in het nieuwe Casino van New Orleans van John Davis mogelijk om dag en nacht te spelen, meest dobbel- en kaartspelen. Daarna volgde de groei van het kansspelwezen in Chicago, waar het een slechte naam kreeg door de verbondenheid met mafia, gangsterdom,

moord en doodslag. Er kwam een algemeen Amerikaans verbod op
gokspelen, maar de goklust was niet uit te roeien. In de illegaliteit
ging het spelen verder, evenals het illegaal stoken en consumeren van
drank.

Hetzelfde gebeurde in Las Vegas, dat al in de negentiende eeuw een
naam had als vrijplaats voor spelers, goudzoekers, spoorwegarbeiders
en andere avonturiers. Als eerste Amerikaanse staat gaf Nevada het
kansspel in de jaren dertig vrij, maar het duurde nog tot na de Tweede
Wereldoorlog voordat Las Vegas (= Spaans voor De Weiden) het
aanzien kreeg van een speelstad. Voor die tijd was het meer een stoffig
woestijnstadje waarin mormonen uit Salt Lake City tevergeefs missie
bedreven.

De New Yorkse gangster Benjamin 'Bugsy' Siegel staat te boek als
de eerste promotor van Las Vegas. Aan de toen nog kale Strip bouwde
hij in 1946 het Flamingo Hotel annex Casino. Eerder exploiteerde Siegel, wiens leven in 1991 met Warren Beatty in de hoofdrol verfilmd
werd, casino's aan boord van schepen voor de kust van Californië.
Hij redeneerde dat als zijn klanten er een zeereis voor over hadden
om te spelen, ze ook naar de woestijn waren te lokken. Met de oorlog

–Hotel-Casino Desert Inn van
Moe Dalitz, geopend in 1950

–Moe Dalitz op 82-jarige leeftijd

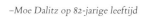

net achter de rug was het moeilijk om aan bouwmaterialen te komen, maar dankzij relaties op de zwarte markt wist 'Bugsy' het meest flitsende hotel van Amerika te bouwen. Om een einde te maken aan de stoffigheid liet Siegel een irrigatiesysteem aanleggen, fonteinen oprichten, enige hectaren met kurkeiken en andere bomen beplanten en gazons inzaaien, met flamingo's als aandachttrekkers. Enkele van zijn stille vennoten vertrouwden Siegel niet en ruimden hem een jaar na de opening van de Flamingo uit de weg. Zijn opvolger Gus Greenbaum onderging hetzelfde lot.

Ook klonken telkens beschuldigingen van casinobezoekers dat zij werden opgelicht door croupiers en bankhouders. Ongerust geworden nam de State Gaming Control Board van Nevada maatregelen door een systeem van licenties in te voeren, omkleed met bepalingen, maar investeerders lieten zich daardoor niet afschrikken. Ook de casino-exploitanten in Las Vegas begonnen te beseffen dat het spel het best gedijde bij een eerlijke gang van zaken. Anders zouden de bezoekers op den duur weg blijven. Langs de Strip kwamen nieuwe zaken als de Desert Inn van Moe Dalitz, de Sahara en de Sands—namen die telkens naar het zand verwezen, zoals ook The Dunes.

De mormoonse bankier E. Parry Thomas, de mysterieuze miljardair Howard Hughes en anderen hielpen Las Vegas uit te bouwen en daar verrezen langs en nabij de Strip Caesar's Palace, Tropicana, Glitter Gulch, Four Queens, The Golden Nugget, The Mint, The Stardust, Binion's Horse Shoe, Circus Circus en The Mirage.

Behalve gokpaleizen en hotels kwamen er congrescentra om het verblijf van gezelschappen radiologen, chirurgen, overlevenden van Pearl Harbour en anderen een fiscaal aftrekbare status te geven. Coupons, gratis drankjes, hapjes, goedkope hotelkamers en enorme lichtreclames lokten lieden, voor wie als extra attractie wereldsterren optraden als Frank Sinatra, Dean Martin, Elvis Presley, Ann-Margret, Shirley MacLaine en Tom Jones.

Black Jack is in Las Vegas het populairste spel, maar ook de andere spelen trekken massa's eigen publiek. (De automatenspelers zijn het

–Het Wheel of Fortune in Vegas World   –Tropicana in Las Vegas

koelbloedigst gebleken. Tijdens een bommelding bleven zij als laatsten zitten.) Andere Amerikaanse goksteden als Reno en Atlantic City konden de populariteit van Las Vegas nooit overtreffen.

Opkomst en ondergang van Baden-Baden

Na de sluiting van de eerste casino's in Parijs (1838) begon het in Europa allemaal in Baden-Baden, tot begin achttiende eeuw een stinkend stadje in het Duitse Schwarzwald, dat hoofdzakelijk leefde van de varkensfokkerij. Door de aanwezigheid van geneeskrachtige bronnen maakte Baden-Baden opgang als badplaats en kuuroord.

Al dan niet uit hun land verdreven vorstelijke hoofden, prinsen, prinsessen, graven, hertogen met hun gades, diplomaten en andere rijken uit vele landen in Europa bouwden er hun eigen villa's en chalets of

–In een wasserij in Las Vegas.
Automatenspelers gaan altijd
door, zelfs tijdens een bommelding.

namen hun intrek in weelderige hotels. Op veel plaatsen waren soi-
rée's, dansavonden, (gemaskerde) bals, restaurants om te tafelen en
wat evenmin ontbrak waren zalen om te spelen. Rijtuigen voerden
de duur geklede dames, heren en hun hofhouding af en aan—voor
tweevijfde Duitsers, voor tweevijfde Engelsen en Fransen en voor
eenvijfde Nederlanders, Italianen, Russen, Polen en Amerikanen.
Jaarlijks trok Baden-Baden zo'n tienduizend gasten, waarvan er nog
geen tweeduizend kwamen om werkelijk te kuren.
De gedwongen sluiting van de Franse casino's gaf het niet ver van
de Franse grens gelegen Baden-Baden een extra impuls.

De in 1778 geboren meester in de rechten en speelzalenexploitant Jacques Bénazet had in Parijs lang stand kunnen houden door royale subsidies aan de Opéra en het Odéon-theater. Bénazet had er goud verdiend en wilde daar graag mee doorgaan. Baden-Baden bood hem die
gelegenheid, of liever gezegd: Bénazet nam de gelegenheid door voor
de exploitatie van de speelbank ruim tweemaal zoveel pacht te bieden
dan de vorige concessiehouder. Daarnaast verrijkte hij Baden-Baden
met een theater, verbeterde wegen, exotische plantentuinen en een
nieuwe spelattractie: paardenrennen. In het jachtseizoen waren er
jachtpartijen in de nabij gelegen zwarte wouden. De bestaande speelbank liet Bénazet drastisch uitbreiden en door de Franse theaterschilder
Charles Cicéri van plafond- en wandschilderingen voorzien. Décora-
teurs van Franse paleizen brachten massa's bladgoud en kroonluchters
aan.
Na Bénazets komst trok Baden-Baden zoveel nieuwe Fransen, dat het

–*Baden-Baden met Kurhaus, anno 1830*

Schwarzwalder stadje de naam kreeg van 'la capitale d'été', de zomer-hoofdstad van Parijs. Overal werd Frans gesproken, in de restaurants waren de menukaarten in het Frans gesteld en aan de speeltafels was Frans eveneens de voertaal. De namen van hotels als Hôtel de la Cour de Bade, Hôtel de Russie, d'Angleterre, de France, de l'Europe enzo-voort gaven aan welke kolonies er zoal waren. Operadiva's, pianovir-tuozen en andere beroemde musici gaven uitvoeringen. Om nog meer gasten te trekken inviteerde Bénazet journalisten uit diverse landen om op zijn kosten naar Baden-Baden te komen. De reputatie van capi-tale d'été werd door hun verhalen nog eens bevestigd. Bij Mellerio waren de duurste juwelen van de wereld te koop. In boutiques kon-den de dames voor elegante avondkleding terecht.

Jacques Bénazet, de grote promotor van dit alles, overleed in 1848 on-der duistere omstandigheden en werd opgevolgd door zijn zoon Edouard, die de speelbank en het stadje Baden-Baden nog meer luister gaf.
De Engelse koningin Victoria betrok er 's zomers een buitenhuis om van haar beslommeringen bij te komen, maar liet zich nimmer in de speelzalen zien. Wel kwamen daar andere gekroonde hoofden en be-

–Jacques Benazet—zijn tijdgenoten prezen zijn vrijgevigheid en zijn vorstelijk optreden

–Oudste weergave van het spel aan de speeltafel in Baden-Baden, circa 1830. Op deze zeer vrije weergave zijn zelfs kinderen te zien

–Het Casino van Baden-Baden in haar derde jeugd; de Louis Seize Zaal

–De Rode Zaal in het huidige Casino van Baden-Baden

–Edouard Benazet,
de zoon van Jacques.
Hij tilde Baden-Baden
naar nog grotere luister

–Jacques Benazet in
zijn laatste levensjaar

roemdheden van die tijd als de componist Johannes Brahms, de pianiste Clara Schumann en de componist Héctor Berlioz. In opdracht van Edouard Bénazet schreef Berlioz in 1862 zijn (laatste) opera, Béatrice und Bénédict, met de inititalen B en B van Baden-Baden. Groothertog Friedrich kondigde datzelfde jaar aan dat hij de speelbank wilde sluiten. Als tegenstander van het spel meende de groothertog dat de stad ook zonder Spielbank bezoekers zou blijven trekken. Edouard Bénazet, en na diens dood in 1867 zijn weduwe Clara, slaagden erin het bestaan van de speelbank nog enige jaren te rekken: seizoen 1869 trok zelfs 62.000 gasten. Maar op 31 december 1872 was het zover dat alle Duitse casino's moesten sluiten op last van de Duitse leider Otto von Bismarck, die het spel niet vond passen bij de Pruisische deugden. Bij het laatste spelletje roulette bleef het balletje in Baden-Baden liggen op 9 rood.
Ook het feit dat Bismarck aan Frankrijk de oorlog verklaarde, maakte de situatie voor Baden-Baden er niet beter op. Het bezoek liep enorm

–Hector Berlioz; hij componeerde zijn laatste opera in opdracht van het casino te Baden-Baden, vandaar de allitterende operatitel Béatrice und Benedict

terug. Tout le monde begaf zich nu naar Monte Carlo in het vorstendommetje Monaco, gelegen op de rotsen aan de Franse Rivièra, met een aangenaam klimaat en voor speelbankexploitanten uiterst vriendelijke wetten. Baden-Baden degradeerde intussen tot een kuuroord voor rheumapatiënten.

Wat met Baden-Baden gebeurde, gebeurde ook met andere Duitse kuuroorden als Homburg en Wiesbaden: zij verliepen zodra de roulettetafels stil kwamen te liggen.

Monte Carlo: van rotsplateau tot badplaats voor de rijken

Wat de opkomst van Monte Carlo (= Berg van Karel) mogelijk maakte was dat in 1861 de berooide Prins Karel III het bezit kreeg over het vorstendommetje Monaco, in die tijd niet meer dan vierduizend vierkante meter kale rotsen, amfitheatergewijs aflopend naar zee.

Volgens de verhalen gaf de moeder van Karel, prinses Caroline, haar zoon het advies op deze plek een casino te beginnen, profiterend van

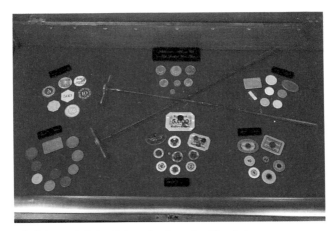

–Oude jetons uit Baden-Baden—sleutels tot de geldspeeltuin

–Affiche van Baden-Baden,
eind negentiende eeuw. Na de
sluiting van de speelzalen vestigde
het stadje de nadruk op de
overgebleven attractie: het water

het verbod op kansspelen in Frankrijk en het dreigende verbod in Duitsland. Het klimaat moest in staat zijn om badgasten aan te trekken.

Veel van die plannen kwam er niet terecht, totdat de in Frankrijk geboren speelbankexploitant François (le) Blanc zich in Monte Carlo meldde en twee miljoen franc bood voor de concessie van het nog schamele casino. Reden voor dit aanbod was dat Blanc's speelbank in Homburg door sluiting werd bedreigd. François Blanc nam energiek de leiding van de Société des Bains de Mer & du Cercle des Etrangers op zich. Speeltafels en croupiers nam hij mee uit Homburg. De rest, zoals een nieuw casino en het ernaast gelegen Hôtel de Paris bouwde hij uit eigen middelen en met kapitaal van financiers. De architect van de Parijse Opéra, Charles Garnier, was de architect van het nieuwe speelpaleis, nog steeds aangeduid als het Palais Garnier. Rondom liet Blanc een zee van cyclamen en primula's planten. Ook gaf hij Garnier de opdracht een theater bij het Casino te bouwen. Door royale subsidies aan de Franse regering slaagde de directeur van de Société des Bains de Mer er in een weg en een spoorlijn langs de kust aangelegd te krijgen. Eerder moesten bad- en speelgasten vanuit Nice en Genua over de Middellandse Zee met stoombootjes worden aangevoerd.

Door de ontsluitingen via de weg en de spoorlijn steeg het aantal bezoekers met tienduizenden en loonde het de moeite om telkens nieuwe voorzieningen te treffen, profiterend van de magnetische aantrekkingskracht van het Casino van Monte Carlo.

Dit stond overigens alleen open voor vreemdelingen. De eigen bevolking kreeg als pleister op de wonde belastingvrijdom, mogelijk dankzij de winsten van de speelbank.

In 1877, op 71-jarige leeftijd overleed François Blanc. Zijn beroemdst geworden uitspraak was: 'Rouge gagne souvent, noir gagne quelquefois, mais c'est Blanc qui gagne toujours!' (Rouge wint vaak, soms wint zwart, maar Blanc wint altijd.)

Na zijn dood zetten zijn weduwe en zijn buitenechtelijke zoon Ca-

-Het Casino van Monte-Carlo;
een magneet voor de rijken der aarde

-François Blanc—'Blanc wint altijd'

mille de zaak voort. Moeder Blanc, een vroeger dienstmeisje, huwde haar dochters uit aan heren van adel. Zij slaagde erin haar oudste dochter Louise te koppelen aan de Pool Konstantin Radziwill. Haar dochter Maria, de jongste, won het hart van Prins Roland Bonaparte. De weduwe Blanc hoopte zo nog eens vorstin van Monaco te worden, maar die opzet mislukte. Wel zorgden haar schoonzonen, beiden verwoede spelers, voor aanvullende financiën. Camille Blanc bracht nieuwe verbeteringen aan als een palmentuin en creëerde nieuwe speelzalen als de Salon Rose, de Salle Blanche en de Salle Empire, met veel bladgoud en schilderingen van engelen en gratiën.

Behalve oude adel begon Monte Carlo nieuwe rijken en zakenadel te trekken, onder wie de Amerikaanse reder en spoorwegkoning Cornelius Vanderbilt en diens landgenoot de bankier en staalkoning John Pierpont Morgan. Met hun jachten en vriendinnetjes meerden zij aan in Monte Carlo, om zich te vermaken en zaken te doen. De bankier Arthur de Rothschild was ook een graag geziene gast. De een leed grof verlies, de ander ging met winst naar huis. Winnaars en verliezers kwamen telkens terug. Een volgende avond konden de rollen alweer omgedraaid zijn. Cornelius Vanderbilt had de gewoonte altijd

41

–Het interieur van een speelzaal in Monte Carlo;
op deze ansicht staat: 'Weer niets gewonnen, afz. Cobie'

–John Pierpont Morgan, een
gretige casinogast in Monte Carlo

– Een stukje interieur van
het Casino van Monte Carlo

veertigduizend francs kriskras over de tafel in te zetten, steeds opnieuw. Zijn succes daarmee liep op en af. John Pierpont Morgan, een bullebak met een enorme aardbeienneus, eiste vergeefs van de casinodirectie een drastische verhoging van de maximum inzet omdat hij geen tijd wenste te verspillen met het verliezen van belachelijk lage bedragen.

Bijkomend vermaak zorgde ervoor dat de gasten zich nimmer verveelden. In 1903 vond een concours d'élégance voor automobielen in Monaco plaats, waaruit in 1911 de jaarlijkse Rally van Monte Carlo voortkwam. Verder waren er demonstraties met watervliegtuigen, muziekfestivals en een golfbaan. In de theaterzalen traden dansgrootheden voor het voetlicht als Nijinsky, Isadora Duncan en de buikdanseres Mata Hari. De actrice Sarah Bernhardt stond er op het toneel en verloor dramatisch aan de speeltafel, maar werd door een bewonderaar gered.

Oh Chance! Hoe kunnen uw kansen verkeren... Na het begin van de Eerste Wereldoorlog in 1914 liep het bezoek drastisch terug. Op één na moesten alle speelzalen van Monte Carlo sluiten. Na vier jaar was de familie Blanc vrijwel bankroet en konden zij de Prins van Monaco niet langer zijn jaarlijkse toelage betalen.

De Grieks-Turkse wapenhandelaar Basil Zaharoff, een mysterieuze zakenman die gedurende de Eerste Wereldoorlog schatten had verdiend, nam de exploitatie met enkele anderen over. De nieuwe eigenaren hadden de tijd mee: de Gay Twenties brachten horden rijke Amerikanen naar Europa en ook welgestelden uit andere naties kregen meer reislust en behoefte aan mondain vermaak. De laatste Egyptische koning Faroek beschouwde Monte Carlo en andere elegante steden als zijn ballingoorden. De filmster Greta Garbo kwam er. De Aga Khan was er niet weg te slaan. De hele beau monde verzamelde zich in Monte Carlo, en in Nice, Cannes en andere Rivièraplaatsen. Met dikke winst stootte Zaharoff in 1927 zijn bezittingen in Monte Carlo af naar de bank Dreyfuss, die tijdens de Tweede Wereldoorlog de exploitatie moest staken.

Landen in geldnood:
de casino's van Europa mogen weer open

Het draaide allemaal om geld, ook bij de heropening van de casino's in Duitsland en Frankrijk. De nieuwe Duitse leider Adolf Hitler bepaalde per decreet van 14 juli 1933, dat de roulettetafels weer mochten draaien, omdat hij de inkomsten daaruit nodig had voor de opbouw van zijn land. In oktober van dat jaar ging de speelbank van Baden-Baden weer open, nota bene onder aanvankelijk Frans-joodse directie. Toen de nazi's tot deze ontdekking kwamen, nam de staat de exploitatie over.

Tien dagen na Duitsland, per 24 juli 1933, volgde de legalisatie van kansspelen in Frankrijk. Er kwamen casino's in toeristenplaatsen aan de Rivièra als Nice, Cannes en Menton; in Deauville aan de Atlantische kust en in plaatsen in het binnenland als Vichy en Aix-les-Bains.

Oostenrijk kreeg negen casino's. De Italiaanse dictator Mussolini was promotor van het spel in San Remo.

Ook in België werd de wet versoepeld. Weliswaar waren kansspelen daar 'absoluut verboden' sinds 1902, maar de Belgische justitie liet de talloze 'tripots' in Brussel en Antwerpen en speelsalons in Spa en Oostende met rust, omdat de casino's veel geld binnen brachten, ook voor de schatkist. Zo kwamen er min of meer gelegaliseerde Belgische casino's in Blankenberge, Chaudfontaine, Dinant, Knokke, Middelkerke en Namen. In Engeland was op grotere schaal sprake van dezelfde situatie: kansspelen werden er feitelijk pas in 1968 bij Gaming Act gelegaliseerd, maar voor die tijd werd het spelen om geld overal oogluikend toegestaan, omdat het gokken de Engelsen nu eenmaal in het bloed zit. Londen telde en telt tientallen casino's.

Nederland, in de jaren dertig geregeerd door een calvinistische regering, bleef bij deze ontwikkeling achter. Busondernemers voerden de Nederlanders en hun geld echter met busladingen over de grens. Wie beslist wilde spelen kon overal terecht, op een paar uur van huis.

De Tweede Wereldoorlog legde opnieuw vrijwel overal in Europa

*–De Begum Aga Khan in
de grote zaal van het Kurhaus
aan de warme maaltijd*

het spel lam, maar de bevrijding bracht heropeningen met als laatste
de Duitse casino's, door de geallieerden gesloten gehouden tot 1948.
Bad Neuenahr mocht als eerste Duitse casino opnieuw draaien, gevolgd door Homburg en Baden-Baden. En daar kwamen ze: de nieuwe vorstelijke gasten en beroemdheden als de hertogen van Windsor,
Koning Ibn Saud van Saudië Arabië, Sjah Reza Pahlevi, Koning Hussein, president Mobutu, Juan Carlos van Spanje. Ook sterren van de
show-adel als Douglas Fairbanks, Kirk Douglas, Curd Jürgens en Josephine Baker tekenden het gouden gastenboek. Verder kwamen er
nieuwe casino's tot op het Duitse waddeneiland Sylt. Steeds groter
werd het legioen spelers, onder alle lagen van de bevolking.
Landen als Joegoslavië, Portugal, Spanje, Turkije, Ghana, Ivoorkust
en Korea lieten het balletje vrij over de roulettetafel rollen, een en
ander gebonden aan een meer of minder stringent stelsel van vergun-
ningen en winstafdrachten aan de staat.
Voor het na-oorlogse Monte Carlo betekende dit alles een terugslag
in het bezoek, waaruit het Casino zich probeerde te redden door te
veramerikaniseren. De nieuwe eigenaren, onder leiding van de toen
nog onbekende Griekse reder Aristoteles Onassis, wilden van Monte
Carlo een Europees Las Vegas maken, wat onder meer leidde tot de
inrichting van een American Room en uit Las Vegas geïmporteerde

−Onassis met echtgenote Tina op de dansvloer
van het Casino van Monte Carlo

−Jacob Pronk

spelen als Black Jack en speelautomaten. Kledingvoorschriften werden versoepeld.

In eerste instantie streek Onassis in het vorstendommetje neer om van Monaco een zeevarende mogendheid te maken, een scheepsvlaggennatie zoals Panama, Liberia en Honduras. Toen dat op niets uitliep kreeg Onassis er schik in om nieuwe projecten te financieren, zoals hotels, zwembaden en andere bebouwing. Het bezoek nam weer toe, vooral van Amerikanen en van spelers die Amerikaanse spelletjes prefereerden.

En de Prins van Monaco huwde een Amerikaanse, een actrice nog wel, Grace Kelly. Haar rol in *To catch a thief*, opgenomen tegen de achtergrond van Monte Carlo, bracht haar in contact met de prins. Na Onassis ontwikkelden nieuwe eigenaren Monte Carlo opnieuw tot het speel-Mekka van Europa. De mini-staat van Prins Rainier III van Grimaldi drijft er nog steeds op.

46

–Het badhuis van Pronk

Eindelijk ook in Nederland: Faites vos jeux

Op 1 oktober 1976 was het zover dat in Zandvoort het eerste legale Nederlandse 'Holland Casino' de deuren opende, na eindeloze debatten en geharrewar over onderwerpen als concessievoorwaarden, bestuur en kansspelbelasting. Doorslaggevend was dat de overheid het illegale speelcircuit wilde bestrijden en het kansspel wilde reguleren. Pas toen eenmaal vaststond dat de Nederlandse staat het meest van de opening van casino's in Nederland ging profiteren gaf de politiek haar zegen, nadat er sinds 1861 voor de legalisatie van kansspelen was geijverd, met name door de directies van de Maatschappij Zeebad Scheveningen en de Exploitatie Maatschappij Scheveningen.

De rode lijn door de geschiedenis van het casinowezen liep ook in Nederland naar zee.

Jacob Pronk bouwde in 1818 op het Scheveningse Duin het eerste 'Kuurhuis' van Nederland, dat in de volksmond 'Pronkenburg' kwam te heten, maar dat er weinig pronkerig uitzag.

47

Het houten bouwseltje telde vier badkamertjes, waarin gasten een bad konden nemen in kuipen gevuld met zesendertig emmers verwarmd zeewater. Baden in badpak in zee was nog niet bon ton. Gasten als de Haagse staatsman Gijsbert Karel van Hogendorp en Duitse prinsen als Wilhelm van Pruisen namen in Scheveningen een bad voor hun gezondheid, aangemoedigd door de Arnhemse arts Moll, die zowel het baden in zeewater als het drinken ervan aanbeval als middel tegen huidziekten, hardhorigheid, 'verslapping der buikzenuwvlechten', 'bloedophooping naar het hoofd' en 'kwaadsappigheid'. Op deze lokroep kwamen steeds meer gasten af, zodat zowel de bad- als de logeeraccommodatie in Scheveningen spoedig te kort schoot.

Het vissersplaatsje aan de Haagse kust telde destijds nog niet meer dan twee herbergen en enkele particulieren die kamers verhuurden. De zakelijk aangelegde dr. Moll vond dat geen stijl en meende dat Scheveningen, ressorterend onder het bestuur van de residentiestad 's-Gravenhage, alles in zich had om een Nederlands Baden-Baden of Homburg te worden. Bij het Haagse gemeentebestuur kreeg Moll ge-

48

–M.A. Reiss,
directeur-generaal van
de Mij. Zeebad Scheveningen

–Het nieuwe Kurhaus in 1885—een jaar later brandde het af

daan dat er meer accommodatie kwam. In 1828 leidde dat tot de opening van een fraai Gemeentelijk Badhuis, dat tevens diende als Grand
Hotel Restaurant. Een bibliotheek en een biljartzaal completeerden
het geheel.

Daarna groeide Scheveningen uit tot een populair kuuroord met volop dansavonden en muziekuitvoeringen, maar één ding werd schrij-
nend gemist: de gelegenheid tot het beoefenen van kansspelen, de
hoofdattractie van menig buitenlands kuuroord.

Enkele notabelen vroegen in 1861 het Haagse gemeentebestuur vergunning voor een Cercle of Speelbank voor het spelen van Roulette
en Trente et Quarante. Burgemeester Gevers Deynoot achtte een casino destijds 'minder wenschelijk', maar kon niet verhinderen dat het
plein waaraan ruim een eeuw later het tweede Holland Casino kwam
te liggen uitgerekend Gevers Deynootplein ging heten.

In 1881 volgde een tweede Scheveningse poging tot legalisatie van
kansspelen, die eveneens strandde. Wel kreeg deze badplaats in 1885
een Kurhaus van buitenlandse allure, dankzij de inspanningen van de
Maatschappij Zeebad Scheveningen onder leiding van de Duitse zakenman M.A. Reiss.

–Voor de bar van het Kurhaus

–Daniel Strauss in Barcelona,
met links bokser Max Schmeling
en rechts filmster Douglas Fairbank sr.

Al na een jaar brandde het Kurhaus af en werd het opnieuw gebouwd. Reiss c.s. kregen gedaan dat zij in de zuidvleugel van het Kurhaus de (besloten) Club de Schéveningue mochten beginnen, uitsluitend voor het spelen van de kaartspelen Baccara en Écarté. De aantrekkingskracht van Scheveningen werd daarmee vergroot en leidde tot de bloei van zaken als het Grand Hotel, Palace Hotel, Oranje Hotel en het Savoy Hotel. Een eerste Scheveningse Pier, aangelegd voor de deur van het Kurhaus door de nieuwe Exploitatie Maatschappij Scheveningen (een samenwerkingsverband van Kurhausdirectie en hoteliers) verhoogde de attractie.

De speelvreugde duurde tot 1905 toen de Club de Schéveningue op last van de overheid weer werd gesloten, juist op een moment dat het reiswezen en toerisme opgang maakten. Met afgrijzen constateerde de directie van de EMS dat landen als Duitsland, Frankrijk en België hun speelwetten versoepelden, waardoor Scheveningen de concurrentie met nieuwe badplaatsen en speeloorden als Oostende en Deauville niet met gelijke middelen kon aangaan. 'Het geld zou zijn binnengestroomd', herinnerde de oud-EMS-directeur mr. A. Adama Zijlstra zich met spijt in zijn mémoires 'Vaar Wel Scheveningen'. Omdat de Nederlandse overheid zich tegen het kansspel bleef verzetten kwam de EMS in moeilijkheden en moest de gemeente Den Haag financieel bijspringen.

Even, in 1933, na achtereenvolgende economische crisisjaren, werd een doorbraak bereikt en stond de overheid tijdelijk één behendigheidsspelletje in Scheveningen toe: Straperlo. Hoe het zover kwam, verder ging en afliep is een hilarische geschiedenis.

Adama Zijlstra vertelt hoe hij in het voorjaar van 1933 bezoek kreeg van Jules Perel, een reclame-acquisiteur uit Amsterdam, die reclame-contracten voor het komende badseizoen kwam afsluiten. Door de economische malaise kreeg Perel weinig opdrachten en daarom keek hij uit naar een nieuwe bron van inkomsten. Die meende Perel te zien in de exploitatie van een behendigheidsspelletje op basis van Roulette, bedacht door de Duitser Strauss. Deze Strauss, die Perel toevallig in Luxemburg had ontmoet, was rijk geworden in de handel in paarden en kanaries en had jarenlang in Hotel Quellenhof in Aken een behendigheidsspel geëxploiteerd. Omdat Strauss jood was had hij Aken moeten verlaten. Samen boden Strauss en Perel hun spelletje in Scheveningen aan: Straperlo genoemd door de samentrekking van hun namen.

Directeur Adama Zijlstra van de EMS liet een Straperlo-speeltafel installeren en inviteerde de Haagse hoofdcommissaris van politie François van 't Sant om een proefspelletje te komen doen. Na enkele rondjes besliste de hoofdcommissaris vlot dat Straperlo legaal was en gaf hij zijn zegen. Strauss en Perel deden de belofte dat zij uit de opbrengsten giften zouden doen aan het Residentie Orkest en de Algemeene Nederlandsche Vereeniging voor Vreemdelingenverkeer. Straperlo was een soort Roulette met 24 cijfers en een balletje. Aangedreven door een electromotor draaide de schijf op een constante snelheid. Om de bak heen liep een lichtelijk aflopende rail. Een croupier liet het balletje in die rail los. Daarna liep het balletje éénmaal om de bak heen en viel dan in een der nummers. Door behendigheid was het volgens Strauss en Perel mogelijk om de baan van het balletje te berekenen, zodat Straperlo volgens hen niet onder de kansspelen viel. Om het zoveel mogelijk op Roulette te laten lijken stonden de draai-tafels op groen laken en ook de kleuren rood, zwart en wit riepen de suggestie van het verboden roulettespel op, samen met harkende (Belgische) croupiers.

Zonder dat de exploitanten er ophef over maakten gingen de Straperlo-tafels op 15 juni 1933 draaien en gelijk vanaf de eerste dag was het een doorslaand succes. In stilte, om geen autoriteiten voor het hoofd te stoten, gaven de exploitanten uitbreiding aan het spel, met financiële hulp van de directeuren van de speelbank in Namen, de heren Brilleslijper en Van Iseghem. Gezamenlijk richtten zij de ex-ploitatiefirma Perl & Co op voor verdere uitbreidingen van de speelac-commodatie. Vanaf twee uur 's middags tot twee uur 's nachts werd onafgebroken gespeeld, met alle dagen van de week een volle bak. Adama Zijlstra herinnerde zich: 'Er heerste een vrolijke en opgewon-den stemming. De jetons van het spel werden in alle keten op het Gevers Deynootplein in betaling aangenomen. Kortom, de badplaats bloeide op'.

ZKH prins Hendrik, de echtgenoot van koningin Wilhelmina, was een van de gasten in de Cercle Privé en speelde met speciaal voor hem vervaardigde oranje jetons.

Theater- en hotelexploitant Tuschinsky uit Amsterdam putte uit het Scheveningse succes moed om in samenwerking met Perl & Co een Straperloclub in Zandvoort te beginnen. Van Wemeldinge tot Donia-werstal schoten de speelclubs uit de grond, ook met van Straperlo af-geleide spelletjes als Spiralo en Mialette. In de nacht van 3 op 4 sep-tember 1934 deed de politie op last van justitie een inval in de Scheve-ningse club en werden alle speelattributen in beslag genomen. Een daarop volgend proefproces maakte in heel Nederland een einde aan de speelchaos.

–Croupiers in de Conversatiezaal
van het Kurhaus in Scheveningen,
geschaard om
hun broodwinning: Straperlo

–Straperlo-tafels worden in beslag genomen

–Straperlo-reliquieën

De directie van de Exploitatie Maatschappij Scheveningen rustte echter niet. Er ging een adres uit naar de ministerraad onder leiding van de Anti Revolutionair Hendrikus Colijn. Met klem pleitte de EMS, onder aanhaling van buitenlandse voorbeelden, voor een goed gereglementeerd hazardspel, 'uitsluitend gedurende het zomerseizoen'. Het mocht niet baten. Ook een persoonlijke ontmoeting van Adama Zijlstra met Colijn hielp niet. Nadat Colijn door Adama Zijlstra op de financiële voordelen was gewezen, klonk uit de mond van de minister-president het beslissende woord: 'Maarr meneer, wij transsigneren niet met onze principes, ook niet als het gaat om miljoenen.' Strauss en Perel namen de wijk naar Spanje, waar zij een nieuw Casino begonnen, op voorspraak van een minister die zij met steekpenningen bewerkten. Nadat een en ander aan het licht was gekomen moest deze minister aftreden en maakte generaal Franco in Spanje een eind aan het spel. Scheveningen was vanaf september 1934 weer alleen badplaats. Na-oorlogse pogingen om kansspelen in Nederland gelegaliseerd te krijgen liepen steeds op niets uit. Wel kwamen er talrijke illegale speelgelegenheden. Ook vonden behendige exploitanten telkens opnieuw behendigheidsspelletjes uit.

Adama Zijlstra, die tot 1961 in de directie van de EMS zat, bleef requesten, brochures, nota's en brieven schrijven, persconferenties geven en rondgaan in het lobby-circuit om het spel vrij te krijgen. Als het aan iemand te danken is dat er tegenwoordig in Nederland legaal gespeeld kan worden, dan is het aan hem.
Vooral protestants-christelijke partijen bleven zich tegen legalisering van Roulette en andere kansspelen verzetten. De liberalen waren pro, de katholieken voor een belangrijk deel nog anti. Totdat in 1970 mr. A. Geurtsen (VVD) en dr.Th.E.E. van Schaik (KVP) elkaar vonden in een voorstel tot wijziging van de Wet op de Kansspelen. Om een lang verhaal kort te maken: met 69 tegen 57 stemmen ging de Tweede Kamer op 4 september 1973 akkoord met de wijziging, maar het zou nog tot 1976 duren voordat het eerste Holland Casino in Zandvoort openging.

Eerst moesten allerlei raden, commissies en besturen het nog eens zien te worden over concessievoorwaarden, vestigingsplaatsen en fiscale aspecten. De KLM en het Nationaal Bureau voor Toerisme traden op als de grote promotors van een Nationale Stichting tot Exploitatie van Casinospelen in Nederland, Holland Casino's.

Het openingsweekend in Zandvoort, met uitsluitend mogelijkheden tot het spelen van Roulette en Black Jack, trok onmiddellijk vijfduizend bezoekers. Vestigingen in Scheveningen, Valkenburg, Amsterdam, Rotterdam, Breda, Groningen en Nijmegen volgden. In Amsterdam moest het Holland Casino al grotere huisvesting zoeken. In Rotterdam gebeurde hetzelfde. Valkenburg wil op grotere voet doorgaan in Maastricht. Daarna zullen er nog hooguit drie à vier casino's bijkomen, al zouden nog veel meer Nederlandse gemeenten een casino willen. Een balletje kan raar rollen.

> *Emile Borel, wiskundige:* 'Hoe men ook alle menselijke wezens die op aarde leven of geleefd hebben, beschouwt, men komt steeds tot de conclusie dat de behoefte aan spel nog algemener is dan de behoefte aan brood.'

-Rufus—met op de achtergrond
Cox Habbema en John van Dreelen

-Silverado—met Kevin Kline in het hol van de leeuw

-Ryan O'Neal in Fever Pitch, met Catherine Hicks
—uit het hart van de speler gemaakt

Bijna een en al sensatie

Filmmakers zoeken in het casino vooral ruzie, bedrog, moord en doodslag, oplaaiende hartstochten, roofovervallen en andere sensatie. Nauwelijks draait het in speelfilms om het spel. Het casino (of de saloon, of het gokhol) dient hooguit als decor, als setting, als plaats van handeling. Aktie is eerste vereiste. Met het verslag van een doorsnee en ordelijk verlopen avondje in een casino trek je nu eenmaal geen volle bioscoopzalen. Dus verzinnen filmmakers een verhaaltje, een intrige en een plot. Het ene verhaaltje is spannender en diepgaander dan het ander, maar het blijven meestal verhaaltjes.

Anders dan boekenschrijvers gebruiken filmmakers weinig woorden. Van wat in een boek soms pagina's in beslag neemt (zoals het uitspinnen van de zieleroerselen van een speler), blijft in een film niet veel over. Het meeste moet in films blijken uit situaties, gezichten, camerastandpunten, de begeleidende muziek en de toon van conversaties. Kortom: wie denkt door het kijken naar speelfilms wijzer van het spel en spelers te worden, die komt niet veel aan de weet.

Er zijn zelfs films waarin de kaarten, de dobbelstenen, de roulettetafel of andere speelattributen niet eens te zien zijn, en die toch duidelijk over het kansspel gaan. Een sterk voorbeeld is *Stranger than paradise* (1984) van Jim Jarmusch. De camera richt het oog uitsluitend op aan de pokertafel en bij de paardenrennen loskomende emoties.

Gewone plezierspelers komen in gokfilms vrijwel niet voor. Ze zijn bijna allemaal verslaafd, bezig het te worden of worstelend om eraf te komen. Jeanne Moreau speelt zo'n vrouw in *Baie des Anges* (Bay of Angels), opgenomen in Monte Carlo. Met een handje fiches klikkend als met castagnetten maakt ze haar vaste gang langs de roulettetafels. Wie zich aan het spel overgeeft, zo is de boodschap, is een verdoemde, gedoemd tot spelletjes die slechts tot de eigen ondergang kunnen leiden.

In *Husbands* (1970) van John Cassavetes wordt dit thema op tedere wijze benaderd. Het gaat om drie mannen met gezinnen in een voorstadje van New York, die plotseling bericht krijgen dat hun beste vriend Stuart aan een hartaanval is overleden. Na de begrafenis gaan ze aan de rol. Als ze weer terug zijn bij hun gezinnen, heeft Harry er niet genoeg van en haalt hij zijn vrienden over een uitstapje naar Londen te maken. Daar brengen ze, in avondkleding, een avond door in een casino, waarbij zij door het fortuin drie jongedames in de schoot krijgen geworpen, met wie ze de nacht doorbrengen. Harry wil daarna niet meer terug. De anderen gaan wel en kopen op de luchthaven nog gauw wat souvenirs voordat ze hun vrouw en kinderen weer in de armen sluiten. Cassavetes zelf speelt de rol van Gus; Peter Falk is Archie en Ben Gazzara speelt Harry.

Zelfs van de film *California Split* (1974, Robert Altman), waarin aan het slot Elliot Gould en George Segal met twee paar schoenen vol bankbiljetten de pokertafel verlaten, is de moraal: na de speelkoorts en de overwinning volgt een leeg gevoel.

Love is a woman van Frederic Goode (1967) is een Brits melodrama over Dennis, een under-cover agent van de narcoticabrigade. Deze gaat op onderzoek op een mediterraan eiland en beschouwt twee partners in een casino als zijn voornaamste verdachten. Om contact te maken gaat hij hun casino binnen, slaat aan het spelen, verliest en moet zich tot een van zijn verdachten wenden om een lening. Deze wordt vermoord en dan komt Dennis zelf onder verdenking te staan...

Een van de weinige 'speel'films met een happy end is *Three bites of the apple* (1967) van Alvin Ganzer met David McCallum als Stanley Thrumm, een Engelsman, die als gids voor een tweederangs reisagentschap werkt. Tijdens een busreis langs de Italiaanse Rivièra gaat hij een casino binnen om er een van zijn dronken Amerikaanse gasten op te trommelen. Hij is gedwongen entree te betalen en het wisselgeld in fiches te accepteren, dus waagt hij een kans, wint, zet nog eens, gaat door en wint een fortuin. Carla, een mooie avonturierster, verleidt hem en tracht zijn geld af te troggelen, maar door een samenloop van omstandigheden mislukt dat en Stanley keert terug naar Engeland, met genoeg geld om een eigen reisbureau te beginnen.

Rufus (1975) is een Nederlandse speelfilm van Samuel Meyering met Rijk de Gooyer als een beroepsspeler die ertussen wordt genomen. Producent Gijs Versluys werd door Rufus een fervent speler van Black Jack. Bij de opnamen met vele figuranten uit de Amsterdamse kunstenaars- en journalistenwereld verdween voor duizenden guldens aan fiches, geleend van het Casino in Knokke. De producent gaf de figuranten toen de gelegenheid zich in een donker gewelf van hun fiches te ontdoen alvorens gefouilleerd te worden. Het lijkt wel alsof bij de film het kansspel steeds het slechte in de mens los maakt.

Meer uit het hart van de speler gemaakt is *Fever Pitch* van Richard Brooks met Ryan O'Neal in de hoofdrol. Volgens Brooks is honkbal niet langer het grote Amerikaanse tijdverdrijf, maar het kansspel in alle mogelijke variaties. In deze film krijgt de journalist Taggert de opdracht daarover een serie artikelen te schrijven, waarbij hij al doende zelf in de ban van het spel raakt. We zien hem op onderzoek tegen de achtergrond van locaties als het MGM Grand Hotel, de Sahara en The Dunes in Las Vegas, bij een fabrikant van dobbelstenen, op een school voor Black Jack dealers en bij Gamblers Anonymous, een organisatie voor verslaafden aan het spel. Ryan O'Neal leerde van het werken aan deze film: 'Je zet je fiches in, de dobbelstenen worden gegooid en misschien komt je nummer naar boven. Waar het allemaal om draait is dat het gewoon een gok blijft.'

Spree van Mitchell Leisen en Walon Green (1967) laat op luchtig documentaire wijze iets zien van het leven in Las Vegas, compleet met acts in de Tropicana en The Dunes. Jayne Mansfield doet een striptease-act. Juliet Prowse geeft een persiflage van Cleopatra. Vic Damone treedt op in een van de grotere clubrooms, maar er zijn ook beelden uit legale (en illegale) speelzalen.

The George Raft Story van Joseph M. Newman (1961) is een biografisch drama over de acteur en speler George Raft, gespeeld door Ray Danton. Jayne Mansfield is weer voluptueus aanwezig in een bijrol.

George Raft (1895-1980) begon zijn carrière als danser in het Dreamland Casino. Hij sloot vriendschap met onderwereldfiguren en trad op in clubs die onder controle stonden van een misdaadsyndicaat. Na problemen met zijn bazen (vanwege het in bescherming nemen van een sigarettenmeisje) zocht Raft zijn geluk in Hollywood, waar hij rollen kreeg als gangster, speler en body-guard. Later leerde hij gangsters als Al Capone en Benjamin 'Bugsy' Siegel kennen. Zelf nam hij financieel deel in een hotel-casino op Cuba, maar kort na zijn vestiging daar brak de revolutie uit en vluchtte hij terug naar Hollywood en de speelzalen van Las Vegas.

Benjamin 'Bugsy' Siegel, de grondlegger van Las Vegas, was zelf eveneens het onderwerp van een speelfilm. Een kogel beëindigde zijn leven.

In de categorie Moord en Doodslag past ook *Machine Gun McCain* van Giuliano Montaldo (1970), een Italiaanse misdaadfilm met muziek van Ennio Morricone. Peter Falk als Charlie Adamo, een mafiabaas van de westkust, gebruikt zijn politieke invloed om roofovervaller Hank McCain (John Cassavetes) uit de gevangenis te krijgen. Daarna neemt Adamo McCain in dienst om deel te nemen aan een roofoverval op het Royal Hotel Casino in Las Vegas. Voordat het zover is wordt McCain verliefd op Irene Tucker (Britt Ekland) en beraamt hij zijn eigen plannen. Vermomd als brandweerman plaatst hij bommen in Las Vegas en rooft hij een hotelsafe leeg met bijna twee miljoen dollar. Het slot is dat hij door de mafia wordt neergelegd met een regen van machinegeweerkogels.

Schoten klinken ook in westerns als *Silverado*, vol spelers, avonturiers, drank en vrouwen. Robert Redford speelt in *Butch Cassidy and the Sundance Kid* de historische figuur van de Sundance Kid, een geroutineerde pokeraar. Als er geen revolvers en messen bij de hand zijn, dan gaan de heren wel op de vuist.

Weer een andere vorm van agressie komt aan bod in de uit 1930 daterende UFA-film *Bommen op Monte Carlo* met Hans Albers als bevelhebber van een kruiser en Heinz Rühmann als eerste officier. Het verhaal is gebaseerd op de legende dat eind vorige eeuw de commandant van een Russisch oorlogsschip zijn hele scheepskas in Monte Carlo verspeelde en dreigde het casino in puin te schieten als hij zijn geld niet terugkreeg.

In de categorie 'Dit is een overval' houdt het in speelfilms niet op. *Any number can win* van Henri Verneuil (1963) gaat over een oudere Franse crimineel, Charles. Met net vijf jaar gevangenis achter de rug beraamt hij met enkele helpers het plan om het casino van Cannes te beroven. Ze komen erachter dat de kluis in de kelder alleen te bereiken is via een dienstlift. Een van de helpers probeert als danser van het casinoballet meer te weten te komen. Daarna voeren zij hun plan uit. Het levert ze een miljard (oude) francs op, die ze verbergen in de kleedkast van een zwembad. De volgende dag willen ze vluchten, maar de koffer waarin de biljetten zitten barst open en al het geld dwarrelt in het water.

In *Femmina* van Georges Lautner (1968) beraamt de kleine crimineel Carl met enkele maten een roofoverval op een schatrijke speler in Beiroet. Eerst proberen ze het spelsysteem van de speler, die altijd wint, te doorgronden. Later proberen ze hem te beroven, maar dat levert alleen maar doden en arrestaties op. Met Hardy Krüger als Carl en Mireille Darc als zijn vriendinnetje Salène.

In *Johnny Banco* van Yves Allégret (1969) gaat casino-exploitant Johnny Banco (Horst Bucholz) er in Barcelona met 100 miljoen franc vandoor van de gangster annex namaak-antiek-handelaar Orso. Hij vlucht naar Monte Carlo, achterna gezeten door enkele huurmoordenaars. In Monte Carlo doet Johnny zich voor als miljonair en huwt hij een rijke Amerikaanse weduwe. Orso weet hem te achterhalen en na allerlei verwikkelingen zijn geld terug te krijgen.

In de categorie 'vals spelen en ander bedrog' kunnen filmmakers er ook wat van! Vals spelen leidt immers tot ruzies, en ruzies tot knokpartijen, en knokpartijen tot mooie beelden. Meer inventief zijn films waarin pogingen worden gedaan door list en bedrog de bank te laten springen. In *Tricheurs* (Bedriegers) van Barbet Schroeder is Jacques

Dutronc een aan de roulette verslaafde. Hij ontmoet een vrouw, die ook verslaafd wordt. Samen raken ze verwikkeld in een poging om de bank van het casino in Monte Carlo te laten springen met behulp van een computergestuurd roulettcballetje, bestuurd door een zendertje in een sigarettendoosje.

In *Stacy's Knights* van Jim Wilson (1982) slaagt een bedeesd uitziende onderwijzeres erin de bank te laten springen. De woedende casino-eigenaren proberen haar op hun beurt af te troeven met doorgestoken kaarten.

Las Vegas Free-For-All van Takashi Tsuboshima (1968) draait om een Japanse speler in Las Vegas, die op grote schaal fiches gaat vervalsen. Als hij zover is om ermee te spelen, blijken de fiches niet meer in gebruik. In *Starman* slaat een buitenaards wezen aan het spelen op de muntautomaten in Las Vegas en slaan alle machines door.

Richard Thorpe laat in *The Honeymoon Machine* (1961) zien dat plannen om een grote buit binnen te halen zelden goed aflopen. Na een oefening met een nieuw electronisch anti-raket-brein, Operation Honeymoon, legt een Amerikaans slagschip aan in Venetië. Luitenant Fergie, gespeeld door Steve McQueen, heeft het plan om het nieuwe militaire apparaat nog voor een ander doel uit te testen: hij wil er de de speelbank van het Lido mee laten springen. Na de eerste voorbereidingen met enkele maten volgen complicaties met dames, maar daarna lukt het en krijgen de heren een fortuin in de schoot geworpen. Dan ontstaan echter nieuwe complicaties en wordt alles ontdekt.

In de categorie 'Leuk verzonnen' past een film als *Jinxed* van Don Siegel (1982).

De Jinx is een plaagduivel, die in de huid van een mopperige speler is gekropen en een Black Jack-dealer van slag probeert te brengen. De bewuste dealer wordt blijvend door de Jinx achtervolgd, ook als hij zijn baan verliest en in een ander casino emplooi heeft gevonden. Las Vegas en Reno komen in beeld. Met Rip Torn in de rol van de Jinx, rondreizend in stacaravans. Bette Midler speelt zijn vriendin de nachtclubzangeres Bonita, die zijn toverkracht erft. Ken Wahl is de wanhopige Black Jack-dealer. (Tijdens de opnamen kregen Bette Middler en Ken Wahl bijna slaande ruzie, en dat kwam op het witte doek niet prettig over. De film werd een flop.)

In de categorie 'Lach of ik schiet' vallen films als *Vier vuisten voor de duivel* met Terence Hill. Hij schudt de kaarten zo onwaarschijnlijk snel, dat duidelijk is dat hij ook het snelste is met zijn vuisten. Om te lachen is ook de muzikale komedie *Las Vegas Hill Billys* (1966) van Arthur C. Pierce met de song 'Money Greases the Wheel', gezongen door Ferlin Husky, die de hoofdrol van Woody speelt. Jayne Mansfield is weer eens van de partij. Woody is een plattelandsjongen uit Tennessee en erft plotseling een casino in Las Vegas. Onderweg daarheen raakt hij bevriend met een vrouw met autopech (Jayne) die hij naar een garage duwt. Bij aankomst in Las Vegas blijkt het casino een gammele boel te zijn. Jayne neemt de exploitatie van het Casino op zich. Woody doet daarna grote zaken, en als een man van de wereld ruilt hij Jayne in voor een nachtclubzangeresje.

En dan is er nog de categorie 'Brandende Liefde' met de speelzaal als veroorzaker en spelbreker in relaties. Neem *24 Hours in a woman's life* (1968) van Dominique Delouche (1968), een drama op basis van een verhaal van Stefan Zweig. Alice, een weduwe, keert terug van het Italiaanse merendistrict en haalt herinneringen op aan haar vakantie. Na een verregend Brahms-concert neemt ze per ongeluk de verkeerde boot, naar Zwitserland, waar ze in een casino belandt. Ze ziet daar een jonge Duitser, Thomas geheten. Als hij zwaar verliest en zijn pistool trekt, volgt ze hem en samen brengen ze de nacht door. 's Morgens vertrekt ze in stilte en laat ze een briefje achter met een afspraakje. Bij een volgende ontmoeting met Thomas vertelt hij haar gedeserteerd te zijn uit het Duitse leger en een verwoed speler te zijn. Alice verklaart zich bereid zijn passage naar Zürich te betalen, op voorwaarde dat hij nooit meer speelt. Ze zal met hem meereizen, maar ze mist zijn trein. In treurige stemming gaat ze die avond naar de plaatsen waar ze samen geweest zijn en belandt zo weer in het casino, waar slechts één speeltafel bezet is, door vier jongenmannen, onder wie Thomas.

–Jinxed—met Bette Midler en Ken Wahl

–The only game in town—
met Warren Beatty bij de Craps-tafel

–Casino Royale—de James Bond-film
zonder de echte Bond, maar wel
met Orson Welles

In *Gilda* (1946) van Charles Vidor draait het om croupier Johnny (Glenn Ford), die in de ban raakt van Gilda, de vrouw van de eigenaar van een casino, en zich ternauwernood aan haar intriges kan ontworstelen. In *The only game in town* (1970) van George Stevens heeft een nachtclubzangeres (Elisabeth Taylor) een verhouding met een speler (Warren Beatty).

Summer and Smoke (1961) van Peter Glenville naar een toneelstuk van Tennessee Williams speelt zich af in een stadje aan de Mississippi, kort voor de Eerste Wereldoorlog. Alma, de overgevoelige en timide dochter van een dominee, gespeeld door Geraldine Page, heeft al van jongsaf aan tedere gevoelens voor de jonge arts John (Laurence Harvey), maar deze zoekt liever het gezelschap van Rosa (Rita Moreno), een tijgerin van een meid, dochter van de eigenaar van het Moon Lake Casino. Op een avond neemt John de kwijnende Alma mee naar het casino om haar wat afleiding te bezorgen. Hysterisch gillend rent ze weg. Daarna houdt John het bij Rosa en andere vriendinnetjes en groeit bij Alma de passie om John toch te krijgen. Als dat niet lukt slentert ze door een park en ontmoet een eenzame handelsreiziger, die haar vraagt of er in de stad ook iets te doen is. Alma plooit een glimlach en stelt hem voor een taxi te nemen naar het Moon Lake Casino. Tussen afvallende herfstbladeren gaan ze op weg. The End.

Treurig is ook de strekking van de muzikale komedie *Funny Girl* van William Wyler (1968) met Barbara Streisand en Omar Sharif. Het verhaal is gebaseerd op de gelijknamige musical die enkele jaren eerder in première ging met liedjes als 'People' en 'Second Hand Rose'. Fanny is een joods meisje uit de Lower East Side van New York, dat een Broadway-ster wil worden, ondanks haar weinig glamoureuze uiterlijk. Haar eerste baantje in een chorus line verliest ze, wel is ze een succes in een rolschaatsnummer. De speler Nick zoekt haar achter de schermen op en biedt zich aan als haar beschermer. Ze verliezen elkaar uit het oog, maar later op een tournee in Baltimore ontmoeten ze elkaar weer. In de dagen dat ze innig samen zijn verliest Nick een fortuin bij de paardenraces. Ze trouwen, krijgen een kind en kopen een prachtig huis, maar opnieuw verspeelt Nick al zijn geld en ze moeten het huis verkopen. Fanny boekt intussen steeds grotere successen en daardoor overweldigd stort Nick zich in het nachtelijke spelersleven. Fanny wil hem nog helpen, maar Nick wijst haar af en belandt in de gevangenis.

De moraal: ga niet naar de film als je van het kansspel houdt. Ga je wel, dan weet je wat je kunt verwachten. Televisiekijkers en bezoekers van videotheken opgelet. Hier volgen nog enkele titels: *And suddenly it's murder!; The Great Sinner; Who's got the action?; Lost in America; Lookin' to Get Out; The seduction of Gina; The Cincinnati Kid; Mister Cory; The Big Town; The man who broke the bank in Monte Carlo; Mississippi Gambler; The Gambler and the Lady; Lady Luck; The Lady Gambles; Big Hand for the little lady; Five Card Stud; The Queen of Spades; Gambling House; House of Games* en *Casino Royale*.

> *Ruud Lubbers:* 'Geluk is net een paling. Een paling moet je namelijk ook meteen bij de kop grijpen, anders glipt hij weer weg.'

–Le Monte Carlo, rond 1900 gemaakt,
vermoedelijk door Bidard. De voorkant
van deze automaat is een getrouwe
weergave van de gevel van het casino
te Monte Carlo

–Fjodor Dostojevski—een speler die niet kon stoppen

–Baden-Baden; een tekening van de eerste speelzaal in het Kurhaus

68

Grote verliezer of winnaar?

Geen schrijver uit de wereldliteratuur maakte zoveel naam met een boek over het roulettespel en de ziel van de speler als de Rus Fjodor Michajlovitsj Dostojevski met 'De Speler'. De voornaamste reden waarom Dostojevski (1821-1881) nog steeds in de kansspelliteratuur voortleeft is dat hij in het persoonlijk leven een dramatisch verliezer was. Veel minder komt in de anekdotische verhalen naar voren hoe gebiologeerd deze schrijver was door de kans op geluk en welke gedachten hij over het spel had. Dostojevski beproefde zijn geluk in de speelzalen van Bad Homburg, Baden-Baden, Wiesbaden en Saxon-les-Bains, ervaringen die hij in 'De Speler' verwerkte en situeerde in de stad 'Roulettenburg'.

De Speler betreedt voor het eerst van zijn leven de speelzaal. Zijn hart bonst, maar ondanks de opwinding voelt hij zich meteen thuis: 'Aangezien ik ook zelf in hoge mate belust was op gewin, deed al dat, als men wil, vuige winstbejag mij, zodra ik in de zaal kwam, bijna vriendschappelijk en vertrouwd aan. Er zit iets heel aardigs in, als de mensen er tegen elkaar geen doekjes om winden maar er met open vizier op uit zijn, hun slag te slaan. Waarom zou men zichzelf ook voor de gek houden? Een uitermate nutteloze en onzinnige bezigheid!'
De Speler besloot eerst maar eens wat rond te kijken en niets serieus te ondernemen. 'Als er deze avond iets mocht gebeuren, dan zou het bij toeval en terloops geschieden—aldus stelde ik vast. Bovendien moest ik me eerst nog in het spel oefenen; want ondanks de duizenden beschrijvingen van de roulette, die ik toch altijd zo gretig had verslonden, had ik absoluut niets van de gang van zaken begrepen zo lang ik die niet met eigen ogen had aanschouwd.'
Aanvankelijk was alles abracadabra voor De Speler. Al gissend kon hij slechts zo'n beetje onderscheiden, dat men bij Roulette inzet op een cijfer, op oneven of even, en op een kleur. Na een tijdje toekijken

kon hij het al niet laten en zette hij enig geld in, uit de beurs van een van de dames uit zijn gezelschap, Pauline Alexandrowna: 'De gedachte, dat ik voor de eerste keer begon te spelen met andermans geld, onthutste mij enigszins. Het was een bijzonder onaangenaam gevoel en ik wilde er graag zo gauw mogelijk af komen. Ik had aldoor het gevoel, dat ik, door met Pauline's geld te beginnen, mijn eigen gelukskansen ondermijnde. Kan men dus werkelijk de speeltafel niet aanraken zonder dadelijk door bijgeloof te worden aangestoken? Ik begon met vijf Friedrich d'ors, dat is vijftig gulden, op pair te zetten. Het balletje ging rollen en er kwam dertien uit—ik was ze kwijt. In ietwat nerveuze stemming, alleen maar om zo snel mogelijk van het geld af te komen en te kunnen weggaan, zette ik nogmaals vijf Friedrich d'ors op rood. Er kwam rood uit. Ik liet alle tien Friedrich d'ors staan waar ze stonden—weer kwam er rood uit. Ik streek de veertig Friedrich d'ors op en zette twintig daarvan op milieu, zonder te weten wat dat zou opleveren. Het drievoudige werd mij uitbetaald. Zo had ik van tien Friedrich d'ors opeens tachtig gemaakt. Ik kon het niet harden, een soort onverklaarbaar en vreemd gevoel plaagde me zó erg, dat ik besloot, heen te gaan. Het scheen mij toe, dat ik in het geheel niet zou hebben gespeeld als het voor eigen rekening was geweest. Toch plaatste ik alle tachtig Friedrich d'ors nogmaals op even. Ditmaal kwam er vier uit; ik had weer tachtig Friedrich d'ors gewonnen; ik nam het hele stapeltje van honderdzestig Friedrich d'ors en ging op zoek naar Pauline Alexandrowna.'

De Speler vond haar, wandelend in het park na het souper, overhandigde al het geld en bezwoer voortaan alleen nog met eigen geld te zullen spelen.

Een volgende avond maakte De Speler verdere studie van het spel. Hij verloor de argeloosheid van de beginner en zag hoe iedereen volgens een eigen systeem speelde.

'Ik drong naar het midden en kwam dicht bij de *croupier* te staan; toen begon ik behoedzaam te spelen, met inzetten van twee of drie munten. Ondertussen keek ik opmerkzaam toe; ik kwam tot de conclusie, dat berekening eigenlijk weinig te betekenen heeft en lang niet zo

–Het bos van Baden-Baden—waar de Speler misschien wandelde

–Aan tafel in Baden-Baden circa 1845. Boeren en dienstmeisjes mochten
de speelzaal niet meer in, en het sjieke volk verdrong zich

gewichtig is als veel spelers beweren. Die zitten daar met leidraden en aantekenboekjes, noteren de uitkomsten, maken berekeningen, becijferen alle kansen, cijferen en blokken, wagen eindelijk hun inzet en—verliezen precies als wij gewone stervelingen die er maar op los spelen. Maar wel heb ik een opmerking gemaakt, die blijkbaar juist is: in het kansverloop bestaat inderdaad, zo al geen systeem, dan toch blijkbaar een soort regelmaat—hetgeen natuurlijk hoogst eigenaardig is. Het komt bijvoorbeeld voor, dat op de twaalf middelste cijfers de twaalf hoogste volgen; het balletje komt bijvoorbeeld twee maal op die twaalf hoogste cijfers en gaat dan over op de laagste twaalf. Na op het eerst twaalftal te zijn gekomen gaat het weer naar het middelste twaalftal, komt drie of vier maal op *milieu* en gaat dan weer naar de hoogste twaalf, van waar het, weer na twee beurten, weer op de laagste twaalf komt, namelijk één keer, vervolgens weer driemaal op de middelste en zo gaat het soms anderhalf of twee uur door. Een keer, drie keer en twee keer; een keer, drie keer en twee keer. Dat is heel vermakelijk.

Een andere dag of een andere ochtend gaat het bijvoorbeeld zo, dat rood op zwart volgt en zwart op rood, steeds zonder ophouden, zodat hetzij zwart hetzij rood nooit vaker dan twee, ten hoogste drie maal na elkaar uitkomen. Doch een andere dag of een andere avond komt rood een lange reeks keren na elkaar, soms bijvoorbeeld wel tweeëntwintig maal, aan bod, of nog vaker, en dat gaat dan beslist een tijd lang zo door, eventueel een hele dag. Veel daarvan heeft mister Astley mij uitgelegd, die de hele ochtend aan de speeltafels bleef staan, maar zelf nooit inzette. Wat mij betreft, ik verspeelde alles tot de laatste cent en zelfs zeer snel. Ik zette meteen twintig Friedrich d'ors tegelijk op even en won, liet ze staan en won weer en aldus nog twee of drie maal. Ik denk dat ik na een minuut of vijf zowat 400 Friedrich d'ors in handen had. Toen had ik moeten weggaan, maar een wonderlijk gevoel bekroop me, een soort uittarting van het lot, een soort verlangen, het een oorveeg te geven, er de tong tegen uit te steken. Ik zette de maximum inzet in, die is toegestaan, vierduizend gulden, en verloor. Driftig geworden, haalde ik nu alles te voor-

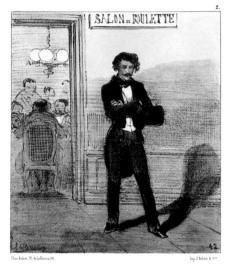

–Platzak buiten de 'Salon de Roulette';
prent uit de eerste hoogtijperiode van Baden-Baden

– En voila une chance .... je suis venu pour prendre les eaux et dès le premier
jour me voila à sec ... complètement à sec ....comment me remettre à flot ! ...

schijn wat ik nog over had, zette het op het zelfde nummer en verloor wederom, waarna ik geheel versuft van de tafel heenging.'

Onder de andere figuren in 'De Speler', vele malen verfilmd, zijn een Russische generaal en zijn familie; de zeer vermogende en voyante mademoiselle Blanche (met gitzwart haar en een flinke boezem) en haar moeder; een Franse markies en nog enkele Fransen; een Duitse geleerde; de zonderlinge Brit mr. Astley en een dikke Poolse edelman. Maar de mooiste figuur uit het boek is de vijfenzeventigjarige Russische grootgrondbezitster Antonida Wasiljewna, bijgenaamd 'la Baboulinka' ofwel grootmoedertje. Ze zit in een rolstoel en arriveert in Roulettenburg met een stoet personeel, levendig, vief en eigenwijs.

Dostojevski beschreef haar als volgt: 'Grootmoeder had een fors postuur en hoewel ze niet uit haar stoel kwam, kon men wel vermoeden, als men haar zag, dat zij zeer rijzig van gestalte was. Zij zat stokstijf en recht overeind zonder in haar stoel te leunen.

73

Fier hield zij haar grote grijsharige hoofd met de forse, scherp inge-
sneden gelaatstrekken omhoog; haar blik had iets zelfbewusts en uit-
dagends; en men kon zien dat die houding en die blik haar van nature
eigen waren. Ondanks haar vijfenzeventig jaar had zij nog een tamelijk fris gezicht en zelfs haar gebit was nog in vrij goede staat. Zij
droeg een zwarte zijden robe en een witte muts.'
Al op de dag van haar aankomst in Roulettenburg laat grootmoedertje zich naar de speelzaal rijden, voor het eerst in haar leven. De Speler
gaat naast haar staan en geeft haar adviezen. Even stelt grootmoedertje niets dan vragen:
- En wat betekent zéro? Deze hoofdcroupier met zijn krullen heeft
toch zo juist zéro geroepen? En waarom heeft hij alles bij elkaar ge-
harkt, wat op tafel lag? Die hele hoop geld naar zich toe gehaald?
Wat beduidt dat?
- Zéro, grootmoeder, is winst voor de bank. Als het balletje op zéro
valt, is alles, wat op tafel is ingezet, zonder onderscheid, voor de
bank. Men kan weliswaar dan nog een keer quitte à quitte spelen,
maar daarvoor betaalt de bank niets uit.
—Sjongejonge! Dus dan krijg ik niets?
—Jawel, grootmoeder, als u daarbij op zéro hebt gezet, en zéro komt
uit, wordt 35 maal uw inzet bijbetaald.
—Wat, vijfendertig maal, en komt het vaak uit? Waarom zetten die
stommelingen daar dan niet op?
—Zesendertig kansen tegen één, grootmoeder.

74

—Wat een onzin. Potapytsj, Potapytsj! Wacht, ik heb ook geld bij me—hier!

Zij haalde een stijf volgepropte beurs uit haar tas en nam er een Friedrich d'or uit.

—Nu, zet die gauw op zéro.

—Grootmoeder, zéro is net uitgekomen, zei ik, dus die komt nu niet gauw meer voor de dag. Dan kunt u een helehoop keren voor niets inzetten; u kunt beter nog wat wachten.

—Ach wat, onzin, zet op!

—Als ik het zeggen mag, hij komt misschien tot vanavond niet meer uit, u kunt wel duizend maal voor niets inzetten, dat is voorgekomen.

—Onzin, allemaal onzin! Wie niet waagt, die niet wint. Wàt? Verloren? Zet nog eens in!

Ook de tweede Friedrich d'or ging te loor; een derde werd ingezet. Grootmoeder kon haast niet stil blijven zitten, met schitterende ogen verslond ze als het ware het balletje, dat over de vakjes van het wentelende rad danste. We verloren ten derden male. Grootmoeder werd woedend, ze had wel willen opspringen, ze sloeg zelfs met haar vuist op tafel, toen de croupier 'trente-six' afriep in plaats van het verwachte zéro.

—Ik zàl hem! riep grootmoeder boos, zal dat vervloekte nulletje nu eindelijk eens uitkomen? Verdikke nog aan toe, ik blijf hier zitten tot er zéro komt! Dat is allemaal de schuld van dat verwenste croupiertje met zijn kroeshaar, die brengt er niets van terecht! Alexej Iwanowitsj, zet twee goudstukken tegelijk op! Als je ze zo weinig inzet en zéro komt uit, hebben we nog niets.

—Grootmoeder!

—Zet in, zet in! 't Is jouw geld niet.

Ik zette twee Friedrich d'ors in. Het balletje rolde lang over het wiel, eindelijk hield het op met over de vakjes te springen. Grootmoeder was òp van de zenuwen en kneep me in mijn hand, en opeens: pats!

—Zéro, riep de croupier af.

—Zie je wel, zie je wel! wendde grootmoeder zich snel tot mij, helemaal stralend en glunder. Ik heb je toch gezegd! En God zelf heeft me ingegeven, twee goudstukken in te zetten! Nu, hoeveel krijg ik nu? Waarom betalen ze niet uit? Potapytsj, Martha, waar zitten ze toch? Waar zijn al onze mensen gebleven? Potapytsj, Potapytsj!

—Grootmoeder, dat komt straks wel, fluisterde ik, Potapytsj staat bij de deur, die mag hier niet komen. Kijk, grootmoeder, uw geld wordt uitbetaald, neemt u het in ontvangst! Een zwaar, verzegeld rolletje in blauw papier met 50 Friedrich d'ors werd grootmoeder toegeschoven en de overige twintig Friedrich d'ors werden los bijbetaald. Dit alles schoof ik met het harkje naar grootmoeder toe.

—*Faites le jeu, messieurs! Faites le jeu, messieurs! Rien ne va plus* riep de croupier, als uitnodiging om in te zetten en klaar, de roulette te laten draaien.

—Goeie genade! We zijn te laat! Zó draait hij weer! Zet in, zet in! riep grootmoeder bedrijvig, niet treuzelen, gauw nu, voegde ze er gejaagd aan toe en gaf me een harde duw.

—Waar moet ik dan op zetten, grootmoeder?

—Op zéro, op zéro! Weer op zéro! Zet zo veel mogelijk op! Hoeveel hebben we in het geheel? Zeventig Friedrich d'ors? Daar hoeven we niet zuinig mee te zijn, zet twintig Friedrich d'ors ineens in.

—Weet wat u doet, grootmoeder! Hij komt soms tweehonderd keer niet uit! Ik verzeker u, u verspeelt het hele kapitaal.

—Ach wat, allemaal gezanik. Zet in! Klets niet zo veel! Ik weet wat ik doe—grootmoeder begon zelfs te beven van razernij.

Volgens reglement mag op zéro in één keer niet meer dan twaalf Friedrich d'ors worden ingezet, grootmoeder—nu kijk, die heb ik ingezet.

—Waarom mag dat niet? Jok je dat niet? *Monsieur! Monsieur!* en zij stiet de croupier aan, die vlak aan haar linkerhand zat en op het punt was, te gaan draaien: *Combien zéro? Douze? Douze?*

Ik haastte mij, de vraag in beter Frans te vertalen.

—*Oui, madame*, bevestigde de croupier beleefd, evenals elke inzet op een kleur die éénmaal uitbetaalt de vierduizend florijnen niet te boven mag gaan, volgens het reglement, voegde hij er ter verklaring aan toe.

76

Der grüne Tisch

–Herinneringen aan het 'bad'leven

—Nu, niets aan te doen, zet twaalf in.

—*Le jeu est fait!* riep de croupier. Het wiel draaide en er kwam dertig uit. Verloren!

—Nog eens! Nog eens! Nog eens! Zet nog een keer! schreeuwde grootmoeder. Ik sprak haar maar niet meer tegen, haalde mijn schouders op en zette weer twaalf Friedrich d'ors in. Het rad bleef lang doordraaien. Grootmoeder zat werkelijk te trillen terwijl ze het met haar ogen volgde. 'Ze denkt toch niet werkelijk dat zéro weer zal winnen? dacht ik en keek verwonderd naar haar. De volstrekte overtuiging, dat ze zou winnen, straalde van haar gezicht af—de besliste verwachting, dat zo meteen zou worden geroepen: zéro. Het balletje sprong in een vakje.

—Zéro! riep de croupier.

—Asjeblieft!!! riep grootmoeder mij in razende triomf toe.

Ik was zelf een speler; ik voelde dat op het zelfde ogenblik. Mijn handen en benen trilden, mijn hoofd duizelde. Dit was natuurlijk een zeldzaam geval, dat in het verloop van een stuk of tien beurten, zéro drie maal uitkwam; maar buitengewoon wonderbaarlijk was het toch ook weer niet. Ik ben er zelf getuige van geweest, hoe drie dagen tevoren zéro driemaal *achtereen* was uitgekomen, waarbij een speler, die ijverig op een papiertje de uitslagen noteerde, luidop opmerkte, dat nog de dag tevoren diezelfde zéro gedurende een heel etmaal slechts eenmaal uitgekomen was.

Er werd met grootmoeder, zoals men dat placht te doen met iemand die een zeer belangrijk bedrag heeft gewonnen, uiterst oplettend en eerbiedig afgerekend. Vierhonderdtwintig Friedrich d'ors, welgeteld, vielen haar te beurt, te weten vierduizend florijnen en twintig Friedrich d'ors kreeg ze in goud, de vierduizend gulden in bankpapier. Nu riep grootmoeder Potapytsj niet meer; haar gedachten waren bij iets anders. Zij stiet mij zelfs niet aan en scheen niet meer te beven, tenminste niet zichtbaar. Zij beefde inwendig, als men het zo mag uitdrukken. Zij concentreerde zich geheel op iets en vuurde toen af:

—Alexej Iwanowitsj! Hij zei, dat je in één keer maar vierduizend florijnen op een kleur mag zetten? Nu, neem ze, zet al deze vierduizend op rood, besliste grootmoeder.

Tegenspreken had geen nut. Het wiel begon te draaien.

—*Rouge!* riep de croupier af.

Weer vierduizend florijnen winst, dus acht in totaal.—Geef mij er vier van en zet die andere vier weer op rood, commandeerde grootmoeder.

Ik zette weer vierduizend in.

—*Rouge!* riep de croupier af.

—Dat zijn dus twaalf mille! Geef ze allemaal hier. Stop het goudgeld hier in mijn beurs en berg de biljetten weg.

—Ophouden! Naar huis! Rol de stoel weg!'

Zelf wist De Speler nooit van ophouden; hij speelde zonder enig systeem : 'Ik maakte geen berekening, ik luisterde zelfs niet, welk getal de laatste maal was uitgekomen, en informeerde er niet naar, alvorens met het spel te beginnen—zoals iedere ook maar enigszins met overleg spelende deelnemer zou hebben gedaan. Ik haalde al mijn twintig Friedrich d'ors tevoorschijn en zette ze op het vak van 'passe', dat ik vóór mij had.

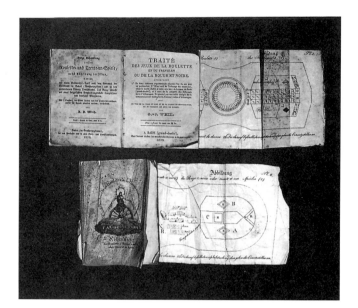

—*Vingt deux*! riep de croupier.

Ik had gewonnen—en zette weer alles op: mijn eerste inzet plus de winst.

—*Trente et un,* riep de croupier. Weer gewonnen. Nu bezat ik dus al tachtig Friedrich d'ors in totaal. Ik plaatste ze alle tachtig op milieu (betaalt de dubbele inzet uit, maar twee kansen tegen één)—het wiel draaide en 24 kwam uit. Ik kreeg er drie rolletjes van 50 Friedrich d'ors en tien goudstukken bij, in totaal, met wat ik al had, bezat ik nu dus 2400 gulden.

Ik verkeerde in een soort ijlkoorts en schoof dat hele stapeltje geld naar rood—en toen kwam ik eensklaps tot bezinning! En voor de enige maal die hele avond, zo lang ik speelde, bekroop mij kille vrees die me als een koude rilling langs armen en benen liep. Angstig besefte ik en zag een oogwenk helder voor ogen, wàt het nu voor mij inhield, als ik verloor! Mijn hele leven stond op het spel!

—*Rouge*! riep de croupier—en ik haalde verruimd adem; de krampachtige zenuwtrekkingen langs mijn hele lichaam hielden op. Ik kreeg uitbetaald in bankbiljetten; in totaal had ik nu dus f 4.000 plus

80 Friedrich d'ors (Toen kon ik de afrekening nog volgen).
Daarna, herinner ik me, zette ik f 2.000 weer op het middelste twaalftal en verloor ze; zette mijn goudgeld en 80 Friedrich d'ors op en verloor. Razernij overmande mij; ik greep mijn laatste restant van tweeduizend florijnen en zette ze op premier—zomaar, op goed geluk, lukraak, zonder berekening! Er was één ogenblik van afwachting, een sensatie zoals madame Blanchard misschien moet hebben gevoeld toen ze in een luchtballon boven Parijs zweefde.
—*Quatre!* riep de croupier. In totaal bezat ik nu f 6.000. Ik keek reeds als een triomfator, nu was ik nergens en nergens meer bang voor en ik smeet vierduizend florijnen op zwart. Negen mensen haastten zich, mijn voorbeeld te volgen en ook op zwart te zetten. De croupiers keken elkaar aan en fluisterden tegen elkaar. Rondom werd gepraat; men wachtte af.
Zwart kwam uit. Het verdere verloop van mijn inzetten en winstkansen weet ik niet precies meer. Ik herinner me alleen nog als in een droom, dat ik blijkbaar al 16.000 florijnen had gewonnen; opeens, in drie ongelukkige zetten, verloor ik er twaalf mille van; toen zette ik mijn laatste vierduizend op 'passe' (maar nu deed het me al zowat niets meer; ik wachtte maar af, bijna mechanisch, zonder er iets bij te denken)—en won weer; daarna won ik nog vier maal achtereen. Ik weet alleen nog, dat ik duizenden in de wacht sleepte; kan me ook

nog herinneren, dat het middelste dozijn, waar ik dan ook de voorkeur aan bleef geven, het vaakst uitkwam. Het verscheen, leek het wel, volgens een zekere regelmaat—beslist telkens drie of vier maal achtereen, verdween dan voor twee maal en kccrde vervolgens drie of vier keer achter elkaar terug. Zo'n verbazingwekkende regelmaat duurt soms lang voort, en dat onthutst dan altijd de noterende spelers, die staan te cijferen met het potlood in de hand. En welke vreselijke parten speelt het lot de mensen dan soms!

Ik denk dat sinds mijn komst nog maar een half uur was verstreken. Opeens verwittigde een croupier mij ervan, dat ik dertigduizend florijnen had gewonnen en, aangezien de bank in één ronde niet méér uitbetaalt, de roulette dus tot de volgende ochtend werd gesloten. Ik raapte al mijn goud bijeen, propte het in mijn zakken, greep alle biljetten en begaf mij aanstonds naar de andere tafel, in de andere zaal, waar een tweede roulette stond; een hele troep mensen kliste om me heen; er werd daar dadelijk een plek voor mij ingeruimd en ik begon weer in te zetten, lukraak en zonder berekening. Ik begrijp niet, wat mij gered heeft.

Soms begon ik trouwens volgens een soort systeem te spelen. Zo hield ik vast aan bepaalde getallen en kansen, maar liet dat weldra weer voor wat het was en ging weer lukraak inzetten, bijna zonder te weten wat ik deed.

Ik moet wel erg verstrooid zijn geweest; ik weet nog, dat de croupiers af en toe mijn spel verbeterden. Ik beging grove vergissingen. Mijn slapen waren nat van zweet; mijn handen beefden... Opeens klonk om me heen luid gepraat en gelach. Bravo, bravo! riep iedereen, sommigen klapten zelfs in hun handen. Ik had ook hier dertigduizend florijnen ingepikt en de bank sloot ook deze tafel tot de volgende dag.

—Weggaan, weggaan, fluisterde een stem aan mijn rechterzijde mij toe. Dit was een Frankfurter Jood; hij had aldoor naast me gestaan en mij blijkbaar af en toe bij mijn spel geholpen.

—Gaat u in Godsnaam weg, fluisterde een andere stem aan mijn linkeroor. Ik keek even op zij. Dit was een zeer sober en net geklede dame van onder de dertig, met een ietwat ziekelijk-bleek, vermoeid gelaat, waaraan men echter nog wel kon zien dat zij een buitengewone schoonheid was geweest. Op dat ogenblik propte ik mijn zakken vol bankbiljetten, die ik zomaar verkreukelde, en graaide het goud, dat nog op tafel lag, bij elkaar. Toen ik het laatste rolletje van vijftig Friedrich d'ors in mijn handen had, zag ik kans, het, zonder dat iemand het bespeurde, de arme dame in de hand te stoppen; ik had toen erge lust om dat te doen en ik herinner me hoe haar smalle, dunne vingertjes mijn hand stevig drukten ten teken van levendige dankbaarheid. Dit alles had zich in een oogwenk afgespeeld.

Toen ik alles had opgeborgen, spoedde ik mij naar de *trente et quarante*. Aan de *trente et quarante* zit een aristocratisch publiek. Dit is geen roulette, maar een kaartspel. Hier staat de bank in voor maximaal 100.000 Thaler per keer. De grootste toegelaten inzet is ook hier 4.000 florijnen. Ik kende het spel helemaal niet en wist bijna geen enkele inzet, behalve rood en zwart, want die heb je hier ook. Daar hield ik me dan ook maar aan. Het hele Kurhaus dromde om me heen. Ik weet niet meer of ik toentertijd ook maar éénmaal aan Pauline heb gedacht. Wat ik toen voelde was een soort onbestemd genot om de bankbiljetten, die zich in stapels voor mij ophoopten, te grijpen en naar me toe te harken.

De fortuin scheen me inderdaad vooruit te duwen. Ditmaal gebeurde nu juist iets, wat zich trouwens in het spelverloop tamelijk dikwijls voordoet.

Het geluk hecht zich bijvoorbeeld aan rood en laat het wel tien, soms wel vijftien maal niet in de steek. Twee dagen tevoren had ik nog gehoord, hoe in de afgelopen week rood eens 22 maal achter elkaar was uitgekomen; zo iets kon men zich zelfs bij de roulette niet herinneren en er werd met verbazing gewag van gemaakt. Natuurlijk durft niemand bij zo'n lange suite al te lang aan rood vast te houden, zodat na bijvoorbeeld de tiende maal vrijwel geen mens meer op rood zet. Maar een ervaren speler zet dan ook niet op zwart, de tegengestelde kleur. De geroutineerde speler weet, wat zo'n 'gril van het lot' beduidt. Zo zou men kunnen denken dat na 16 keer rood de 17e maal beslist zwart moet uitkomen. Daar zetten de nieuwelingen dan ook in drommen op, verdubbelen en verdriedubbelen hun inzetten en verliezen ontzettend veel.

Maar ik bleef, door een vreemde gril, toen ik merkte dat rood zeven maal achtereen was uitgekomen, er juist op zetten. Ik ben er zeker van, dat hier voor een goed deel ijdelheid in het spel was; ik wilde de toeschouwers epateren door een onzinnig risico te nemen en—o wonderlijke gewaarwording—ik herinner me nog heel precies, dat ik opeens werkelijk, ook afgezien van elke impuls tot opschepperij, bevangen werd door een ontzettende lust, iets gewaagds te ondernemen. Misschien voelt de menselijke ziel, als zij zoveel impressies heeft ondergaan, zich daardoor niet verzadigd, maar juist extra geprikkeld en haakt naar nog weer nieuwe sensaties, steeds heftiger en heviger, tot zij volkomen uitgeput is. En ik lieg werkelijk niet als ik zeg, dat ik, indien het spelreglement een mise van 50.000 florijnen had toege-

83

–Oude jetons

–Bad Homburg

staan, deze hoogstwaarschijnlijk zou hebben ingezet. Rondom me werd geroepen dat dit gekkenwerk was, dat rood al voor de 14e maal was uitgekomen!

—*Monsieur a gagné déjà cent mille florins*, klonk een stem naast me. Ik kwam ineens tot bezinning. Wat? Ik had deze avond honderdduizend florijnen gewonnen! Welnu, waartoe had ik méér nodig? Ik wierp me op de biljetten, propte ze in mijn zak, zonder ze na te tellen, harkte al mijn goud naar me toe en alle rolletjes, en snelde de Kurzaal uit.'

In 'De Speler' verdwijnt de hoofdrolspeler met mademoiselle Blanche naar Parijs, waar hij zijn honderdduizend florijnen er in drie weken doorheen jaagt. Of beter gezegd, die jaagt mademoiselle Blanche er doorheen, voor de inrichting van haar woning, voor de aanschaf van rijtuig en paarden en voor het geven van twee bals. Als het geld op is stort mademoiselle Blanche zich in de armen van een Russische generaal, de zoon van grootmoedertje, waarop de speler zich bedrinkt en met zijn laatste 500 francs Parijs weer verlaat. Het enige wat hem rest zijn een kostbaar horloge en diamanten overhemdknoopjes. Naar Roulettenburg gaat hij voorlopig niet, denkt ie, niet voor het volgende jaar.

Een jaar en acht maanden later leest de speler zijn aantekeningen nog eens over. Hij is er nu erger aan toe dan een bedelaar. Hij is toch naar diverse casinoplaatsen geweest, heeft in de gevangenis gezeten wegens schulden, is lakei geweest om aan de kost te komen en hangt nu dagelijks om de speeltafels, marginaal winnend, met het manische, vaste voornemen om weer aan de winnende hand te komen.

In het werkelijke leven had Fjodor Dostojevski weinig geluk aan de speeltafels, al won hij fortuinen. Zijn grootste probleem was dat hij niet kon stoppen. De kunst bij Roulette is juist om op tijd te stoppen—maar wanneer is dat moment aangebroken?

Het balletje rolt ongewis en dat maakt de keuze moeilijk.

Dostojevski schreef 'De Speler' in 1866 in vierentwintig dagen om aan geld te komen, of liever hij dicteerde het boek aan de stenografe Anna Grigorjevna Snitkina, met wie hij in 1867 huwde en naar het buitenland trok om te kuren, te schrijven, kunstschatten te bekijken en te spelen. Vòòr die tijd had het geluk hem nooit gezegend. Zijn moeder overleed toen hij zestien was; zijn vader—een wrede land-eigenaar—werd door zijn lijfeigenen vermoord. Dostojevski's eerste echtgenote overleed kort na hun huwelijk en door de dood van zijn broer kreeg hij de extra zorg voor diens weduwe en haar vier kinderen. Hij worstelde met zich opstapelende schulden, leed een treurig bestaan met epileptische aanvallen en was droef te moede.

Dostojevski maakte aanvankelijk carrière als militair, maar kon niet aanzien hoe de bevolking in het tsaristische Rusland werd behandeld. Hij kreeg utopische ideeën, schreef de roman 'Arme Mensen', werd gearresteerd, ter dood veroordeeld en kort voor de voltrekking van het vonnis naar Siberië verbannen om daar geketend dwangarbeid te verrichten. In de vier jaar dat dit duurde verslechterde zijn gezondheid en nam zijn behoefte om te schrijven toe. Vrolijk waren zijn boeken niet, zoals blijkt uit titels als 'Aantekeningen uit het dodenhuis' en 'Vernederden en gekrenkten'.

'De Speler' daarentegen, in het Russisch verschenen onder de titel 'Igrok', is tragedie én komedie.

Aanvankelijk uitsluitend voor zijn gezondheid begon Dostojevski Duitse kuuroorden te bezoeken. De eerste speelbank waar hij naar binnen ging was vermoedelijk Wiesbaden.

Zelf had hij het idee dat het geluk hem in de steek liet. Maar hij bleef hopen en geloven dat aan de speeltafel zijn kansen zouden keren. Dit maakte hem tot een hardnekkig speler, overigens aangemoedigd door zijn tweede echtgenote Anna, door hem Anja genoemd. In haar herinneringen schrijft zij dat er dagen waren waarop het schrijven niet wilde lukken of dat er grote schulden waren, en dat dan telkens bij hem de gedachte aan de Roulette bovenkwam. Op zulke momenten, bijvoorbeeld tijdens hun verblijf in Dresden, liet ze haar man naar de speelbank gaan voor wat afleiding: 'Ik begon mijn man te overreden

–Hotels in Baden-Baden

om voor een paar dagen naar Homburg te reizen, met de verzekering dat mij in zijn afwezigheid heus niets zou overkomen. Dostojevski probeerde dit te weerleggen, maar, daar hij zelf heel graag ''zijn geluk wilde beproeven'', ging hij uiteindelijk akkoord en vertrok naar Homburg, mij onder de hoede van onze hospita achterlatend... Er gingen twee-drie dagen voorbij en ik begon uit Homburg brieven te krijgen, waarin mijn man me op de hoogte stelde van zijn verliezen en me vroeg hem gauw wat geld te sturen; ik voldeed aan zijn verzoek, maar ook dat geld bleek hij verspeeld te hebben en hij vroeg me voor de tweede maal om geld, wat ik hem natuurlijk stuurde.' Zelf was de passie van de speler haar vreemd. Acht dagen later kwam Dostojevski in Dresden terug, 'heel opgelucht en blij, dat ik hem niet alleen geen verwijten maakte en niet over het verloren geld jammerde, maar hem zelfs opbeurend toesprak, dat hij niet moest wanhopen.'

De onfortuinlijke reis naar Homburg liet zijn sporen na in Dostojevski's humeur. Hij kwam in zijn gesprekken dikwijls op de roulettetafel terug, betreurde het verkwiste geld en gaf uitsluitend zichzelf de schuld van de geleden verliezen. Hij verzekerde zijn vrouw Anna dat hij heel vaak alle kansen had gehad, maar die niet had weten te benutten. Hij had te veel haast gemaakt, steeds op andere nummers ingezet, allerlei spelmethoden geprobeerd, zo analyseerde hij achteraf.

Met het voornemen nu alles anders te doen reisde het echtpaar Dosto-jevski naar Baden-Baden, waar alles zich herhaalde. Zijn vrouw was er nooit bij, maar zag het achteraf zo: 'Alle theorieën van Dostojevski over de mogelijkheid om in het kansspel volgens zijn methode te winnen, waren volstrekt juist en het succes had compleet kunnen zijn, alleen onder de voorwaarde dat die methode door een of andere koelbloedige Engelsman of Duitser zou zijn toegepast en niet door een nerveus iemand als mijn man, die zich liet meeslepen en in alles tot het uiterste ging. Maar behalve koelbloedigheid en doorzettingsvermogen dient een roulettespeler over aanzienlijke middelen te beschikken om in staat te zijn de ongunstige wendingen van het spel door te komen. En in dat opzicht haperde het bij Dostojevski: wij hadden, relatief gesproken, weinig geld en geen schijn van kans om, als het mis ging, ergens geld los te krijgen.'

Laatste redmiddel was dan het verpanden van horloges en sieraden: 'Maar wanneer mijn man iets naar de bank van lening ging brengen, kon hij zich soms ook dan niet beheersen en verspeelde meteen weer alles wat hij zojuist voor een in pand gegeven voorwerp had gekregen. Het gebeurde dat hij op die manier de laatste Thaler kwijtraakte die hij op zak had, maar ook kwam het voor dat het geluk hem opeens weer toelachte en hij met enige tientallen Friedrich d'ors thuiskwam. Ik herinner me, hoe hij op een keer een portemonnaie boordevol met geld meebracht, waarin ik tweehonderdtwaalf Friedrich d'ors telde (van twintig Thaler elk), ongeveer vierduizend driehonderd Thaler. Maar lang hielden wij dat geld niet in handen. Dostojevski kon het niet laten: nog niet van de opwinding van het spel bekomen, nam hij twintig muntstukken mee die hij verloor, hij kwam voor nog eens twintig terug, die hij ook verloor en zo verspeelde hij, na telkens voor meer geld te zijn teruggekomen, in de loop van twee à drie uur het hele bedrag. Weer moesten er dingen verpand worden, maar daar wij niet veel kostbaarheden bezaten, was die bron al gauw opgedroogd.'

Zijn vrouw raakte ervan overtuigd dat Dostojevski nooit kòn winnen doordat hij *altijd* zijn winst verspeelde. Het leek wel of hij het verlies

–Speelimpressie

zòcht. Aanvankelijk vond ze het raadselachtig dat haar man, die zoveel tegenslagen had weten te overwinnen, bij het spel niet tot de winnaars behoorde. Ze dacht dat hij onvoldoende wilskracht bezat om zijn zwakte in bedwang te houden, 'maar al gauw begreep ik, dat het niet om een gewone 'zwakheid' van wil ging, maar om een de hele mens opslokkende hartstocht, om iets elementairs, waartegen zelfs een sterk karakter niet bestand was. Men moest er zich bij neerleggen, de bekoring van het kansspel te zien als een ziekte, waartegen geen kruid gewassen was. De enige manier om ertegen te vechten was de vlucht. Maar uit Baden-Baden wegvluchten konden we niet, voordat wij uit Rusland een aanzienlijke som gelds zouden hebben ontvangen.'

Dostojevski was na dit avontuur bijzonder gedeprimeerd en om hem van zijn droevige overpeinzingen af te leiden bracht zijn vrouw hem op de gedachte om naar Saxon-les-Bains te gaan en daar opnieuw zijn geluk aan de roulettetafel te beproeven. Saxon-les-Bains lag op een uur of vijf sporen van Genève en in november 1867 reisde hij daarheen. Even was het geluk weer aan zijn zijde, zo blijkt uit enkele brieven aan zijn vrouw.

'Ik kwam hier aan om kwart voor vier en hoorde dat de speelbank open was tot 5 uur. (Ik had gedacht tot vier uur). Ik had dus nog een uur. Ik rende erheen. De eerste keren zette ik 50 frank in, daarna ging ik opeens omhoog, hoeveel weet ik niet, ik heb het niet geteld; daarop volgde een vreselijk verlies, vrijwel mijn laatste geld. En plotseling, met mijn allerlaatste geld, *won ik* mijn 125 frank helemaal *terug* en won bovendien 110. In totaal heb ik nu 235 fr.'

De volgende dag verloor hij echter alles omdat hij weer van geen ophouden wist:

'Ik heb èn mijn ring èn mijn winterjas beleend èn alles verspeeld. Ach liefje, je moet mij ook niet naar de roulette laten gaan! Ik hoef er maar in aanraking mee te komen of mijn hart blijft stilstaan, mijn handen en voeten trillen en worden koud.'

Wel knapte Dostojevski in Saxon-les-Bains op door de verandering van sfeer en door de gezonde buitenlucht. Bij terugkomst schreef hij in één ruk 93 bladzijden voor de Russische Bode, en vervolgens werkte hij door aan de roman Boze Geesten. Later bracht hij op aandringen van zijn vrouw nog een speelweek in Wiesbaden door.

In haar herinneringen schreef de begrijpende Anna Dostojevskaja: 'Ik wist uit ervaring van zijn vroegere reizen naar de speeltafels, dat Dostojevski, wanneer hij nieuwe, stormachtige indrukken had ondergaan en zijn zucht naar het risico van het spel had bevredigd, altijd rustiger terugkwam en dat hij dan, overtuigd van de ijdelheid van zijn hoop op winst, met nieuwe krachten aan de roman zou gaan werken en in twee-drie weken al het verspeelde geld zou hebben terugverdiend.'

Zelf weet Dostojevski zijn verlies aan het feit dat hij een Rus was. Al in zijn roman 'De Speler' concludeerde hij: 'Aangezien wij ook bij het spel lukraak te werk gaan, zonder ons moeite te getroosten, verliezen we altijd!'

Die keer in Wiesbaden besloot Dostojevski te stoppen met spelen. In een brief van 28 april 1871 aan zijn vrouw lichtte hij zijn besluit toe: 'Er is mij iets van grote betekenis overkomen: de ellendige zinsbegoocheling is verdwenen, die mij bijna tien jaar lang gemarteld heeft. Dit is eens en voor goed de laatste maal geweest. Wil je wel geloven, Anja: nu heb ik mijn handen weer vrij; ik was aan het spel geketend, maar nu ga ik aan concrete zaken denken en wil niet meer als vroeger nachtenlang van het kansspel dromen.' Als extra overweging voor zijn beslissing noemde Dostojevski een droom: 'Ik heb vannacht van mijn *vader* gedroomd, maar in de vreselijke gedaante waarin hij maar twee keer in mijn leven aan mij is verschenen, toen hij vreselijk onheil voorspelde, een droom die beide keren is uitgekomen.'

Inderdaad zette Dostojevski op latere reizen nooit meer een stap in de speelzaal, echter in de wetenschap dat hij 'het geheim van de speeltafel' inmiddels doorgrondde. In een brief aan de oudste zuster van zijn eerste vrouw schreef hij daarover: 'Dat geheim ken ik werkelijk; het is verschrikkelijk dom en simpel en bestaat hierin, dat men zich elk ogenblik, in alle fasen van het spel moet kunnen beheersen, en niet opgewonden raken. Dat is alles en dan is verliezen gewoon onmogelijk en win je zeker.'

> *Johan Huizinga, historicus:* 'Het is om het winnen te doen met een hartstocht die de luchtigheid van het spel geheel dreigt op te heffen.'

–Multatuli—litho naar een foto van Mitkiewicz—was een geboren verliezer

'De prikkel ligt niet in 't spel zelf,
maar in den stryd tegen het lot'

Ook Eduard Douwes Dekker (1820-1887), schrijvend onder de naam Multatuli (Latijn voor 'Ik heb veel geleden'), staat in de kansspelliteratuur niet als een geluksvogel bekend. De in Amsterdam geboren zoon van een Amelandse zeekapitein schreef zijn 'Millioenen-studiën' aanvankelijk voor twintig gulden per aflevering als feuilleton voor het dagblad Het Noorden, en de lezers begrepen er niets van. De reeks werd afgebroken, om vanaf 29 december 1871 periodiek in boekvorm te verschijnen tot de reeks najaar 1873 volledig was. Een recensent in de NRC van 31 december 1871 beoordeelde 'Millioenen-studiën' als 'aangenaam geschreven, vol pikante invallen, waarbij de onderhoudende prater van het eene onderwerp op het andere overspringt. Scherp kan zijn geest zijn, dol kan hij doorslaan, dwaas kan hij redeneeren—maar prettig, boeiend en vermakelijk is hij altijd.' Voor de rest werd het boek de eerste jaren nauwelijks besproken en verkocht (900 exemplaren), wat voor de schrijver een zoveelste illusie minder betekende.

'Millioenen-studiën' gaat eigenlijk over de kunst van het rijk worden aan de roulettetafel.

In zijn boek houdt Multatuli verblijf in een Duits kuuroord, kamer 32 in Hotel Zum Gelben Adler. Al in zijn kamernummer ziet hij een voorteken. Is 32 misschien zijn winnende nummer? Andere gasten zijn, zoals overal in de casino's van die dagen, Russen, Polen, Amerikanen, Fransen en Hollanders. Velen van hen waren al rijk of rijk geweest, maar Multatuli wilde rijk wòrden aan de speeltafel en besefte vooraf: 'Om daartoe te geraken, is orde nodig, stipte orde!'.

Het spelen volgens een vast systeem bood de kans op zulk een orde, en daarmee op geluk, zo was zijn overtuiging: 'Men moet zyn krachten concentreren. Ik moet beginnen met my te ontdoen van die gekke begeerte naar millioenen. Dit is de hoofdvoorwaarde van 't slagen.'

Een soort onverschilligheid aan de dag leggen, helder blijven, zelfvertrouwen bewaren en geloven in de mogelijkheid—daar draaide het volgens hem allemaal om: 'Daar wy slechts zeer weinig berekenen kunnen moeten wy de uitslag van onze ondernemingen voor een zeer groot deel overlaten aan het zogenaamde toeval. Hiertoe is zekere moed nodig... De prikkel ligt niet in 't spel zelf, maar in den stryd tegen het lot, en die stryd zou weinig aantrekkelyks opleveren, als men zich niet de overwinning voorspiegelde. Ieder die een geldstuk neerlegt, moet menen dat de kans groter is het door winst verdubbeld, dan door verlies verloren te zien.'

Het geluk moest een handje helpen. 'Waartoe dienen de goden, o goden, als ze niet beschikken mogen over den loop van 't balletje der roulet? Als zij de macht niet hebben, seriën te scheppen op de trente-et-quarante? Als ze geen intermittences beheersen? En wie aan 't spelen raakt, wórdt een gelover...'

Multatuli geloofde heilig dat hij met behulp van de Logos, ofwel zijn verstand, zijn gelukskansen op wiskundige wijze kon berekenen. Om dat te kunnen doen maakte hij minutieus studie van het spelverloop, sommetjes makend als

$$\frac{13^2}{82^2} = \frac{169}{6724}.$$

Worteltrekkend kwam hij na eindeloze berekeningen tot de slotsom: 'Alle systemen zyn gekheid'.

Rondkijkend in de speelzalen kwam Multatuli tot de conclusie dat het allemaal eerlijk toeging, zowel aan de roulette- als aan de kaarttafels: 'De wyze waarop onder de ogen van 't Publiek de kaarten worden gemengd, gecoupeerd en gelegd, laat geen bedrog toe. By de Roulette is 't zelfs vergund zyn mise te plaatsen, *nadat* cylinder en kogeltje in beweging gebracht zyn, zodat 'n croupier, die belast was met de oneerlyke poging om invloed uit te oefenen op den loop en 't vallen van den kleinen kogel, niet eens tydig weten kan hoe hy dien invloed zou moeten besteden om den speler te benadelen. Kort voor

den val van 't balletje ook, kan men de mise naar willekeur nog verplaatsen.

En al ware dit alles zo niet, al kón de Bank haar talryke geëmployeerden africhten tot oneerlykheid, dan nog zou zyzelf daarvan 't eerste slachtoffer wezen. 't Ligt immers in de reden dat die geëmployeerden daarvan door middel van compères terstond zouden misbruik maken. Een croupier die de kunst verstond, het Publiek te bedriegen ten voordele van de Bank, zou al 'n zonderlinge schelm moeten zyn als-i zo'n handigheid niet toepaste in eigen voordeel. Stipte eerlykheid is dus voor de speelbanken een voorwaarde van bestaan.'

Moreel kon Multatuli geen kwaad zien in het bestaan van casino's: 'Het is my een raadsel, hoe men, acht slaande op den toestand der wereld in het algemeen, zich verontwaardigd durft tonen over het bestaan der speelbanken. Is dit kortzichtigheid? Domheid? Of moeten wy het angstvallig uitziften der mug en 't slordig doorlaten van kemels, toeschryven aan huichelary? Gy die voorgeeft zo byzonder innig te gruwen van 't rouge et noir, weet ge dan niet wat er *naast* u voorvalt? De administratie en de aandeelhouders van zo'n Speelbank trachten winst te behalen. Dit hebben ze met alle andere onder-

nemers en speculanten gemeen. Maar vindt gy ergens zoveel oprecht-
heid in 't omschryven der verplichtingen? Zoveel stiptheid in 't nako-
men? Met welke onderneming ook op financieel gebied men de Speelbanken vergelykt, nergens zal ieder die daarmee in aanraking komt,
zo zeker kunnen staat maken op de vervulling van 't uitgeschreven
program. Nergens ook worden de rechten der geldstorters duidelyker
en bondiger omschreven. De Bank lokt niet aan door voorspiegeling
van winst. Integendeel, daar zy de aandeelhouders hoge dividenden
toezegt, en die inderdaad uitbetaalt, waarschuwt zy elken speler dat
hy verliezen *moet*. Ze omzwachtelt de eenvoudige arithmetische waar-
heid niet met 'n tal van voorwaarden die 't Publiek in de war brengen.
Ieder kan nauwkeurig weten wat hem te wachten staat. Wie zóveel

op 'n kans zet, zal óf dien inzet verliezen, of zóveel ontvangen. C'est à prendre ou à laisser. Nooit gekibbel. Nooit chicane. Nooit ook de minste poging om iemand over te halen tot het wagen van z'n geld.' Bij de croupiers en het andere zaalpersoneel bespeurde Multatuli een zekere ongevoeligheid en onverschilligheid. 'Eilieve, wilde men dat ze belangstelling voelden of toonden? Belangstelling in wie, in wien? In den speler die op zwart gezet had, toen rood won? Maar dan zouden zy tegelykertyd zich moeten verheugen over de winst van anderen, die op rood hadden gewed. By elken zet zouden ze het van hen gevorderd ''menselyk gevoel'' zo zonderling moeten splitsen, dat de poging daartoe inderdaad even belachelyk wezen zou als 't slagen onmogelyk...'

Multatuli maakte gefascineerd studie van zijn medemensen in het casino. Zo sloeg hij een Engelse Lord gade, 'vroeger ryk, engels ryk', dus heel rijk. 'Hy bekleedde een hoge betrekking in Brits-Indië, kwam in Europa terug, verslaafde zich aan 't Spel, en wordt op dit ogenblik onderhouden door z'n verwanten in Engeland. Hy ontvangt maandelyks twintig pond, en verteert daarvan hoogstens honderd gulden. De overige honderdenveertig gulden zyn voor de Speelbank. Wanneer 't hem na ontvangst van z'n onderstand wat snel tegenloopt, zodat-i enige dagen of weken veroordeeld is tot onthouding, geniet hy van 't aanschouwen. Dan houdt-i boek van de zetten, om gereed te zyn tot... misraden, zodra hy weer wat in z'n beurs heeft. Nooit verraadt de minste trek op z'n gelaat, dat hy smart gevoelt, noch over ogenblikkelyke déveine, noch over 't verschil tussen z'n tegenwoordigen toestand en vroeger welvaart. Het broodje met mosterd en kaas—ein Holländer—dat in perioden van tegenspoed het diner vervangt, gebruikt-i met dezelfde onverstoorbare deftigheid, als waarmee hy vroeger aan officiële gastmalen aanzat. Hy scheldt niet op 't 'lot', hy beklaagt zich niet, zoekt geen *querelle d'allemand* met de Bank—dit is nogal eens de manier van franse verliezers—hy laat zich niet in met professeurs de jeu of ander gemeen volk, hy is en blyft een gentleman...'

Madame de V. was een andere habituée in het casino. Ze leefde gescheiden van haar man, een Franse magistraat. Multatuli observeerde: 'Kuchend en hoestend en kortademig, neemt ze elken dag haar plaats aan de groene tafel in. Haar speelkapitaaltje bedraagt gewoonlyk twee, driehonderd gulden, die ze in een twintigtal stapeltjes van ongelyke hoogte voor zich legt, en waarvan steeds een gedeelte in frankengeld, half-guldenstukken en Thalers bestaat. Dat afdelen in stapeltjes schynt in verband te staan met zeker systeem. Zy legt de gewonnen stukken, dan hier dan daar op een der hoopjes, en meermalen zag ik haar een reeds gezet geldstuk terugnemen en verwisselen voor een stuk van gelyke waarde, dat ze dan van een andere stapel nam... Maar... ze *speelt*, en dáárom is 't haar te doen.

Ze kan niet leven zonder de kitteling van de driehonderd malen daags herhaalde onzekerheid, of 't balletje ditmaal in 'n rood of in een zwart vakje vallen zal.'

Zelf had Multatuli geen geluk, niet aan de speeltafel, niet als schrijver, niet in het huwelijk en niet in zijn eerste banen als bestuursambtenaar in Nederlands-Indië. Geboren in 1820 te Amsterdam als Eduard Douwes Dekker begon hij zijn loopbaan als jongste bediende bij een textielgroothandel, waarover het een en ander is terug te vinden in zijn

–Tine–de verarmde baronesse met wie
Multatuli huwde in de hoop op een erfenis

uit losse fragmenten bestaande werk Woutertje Pieterse.

Begin januari 1839 kreeg Dekker een baan bij de Algemene Rekenkamer in Batavia, waar hij promotie maakte tot controleur tweede klas, met als standplaats Natal op de westkust van Sumatra. Hier en op volgende posten rezen bij Dekker twijfels over de rechtvaardigheid van het Nederlandse koloniale bestuur, over vormen van dwangarbeid en over de manier waarop inlandse vorsten—gedekt door de Nederlandse regering—de inlandse bevolking behandelden. In deze periode begon Eduard Douwes Dekker te schrijven, aanvankelijk voornamelijk poëzie en toneel. Hij werd berispt voor een tekort in zijn boeken, kreeg vermaningen, trok zich daar niets van aan en keerde zich nog recalcitranter en feller tegen de Hollandse koopmans- en domineesgeest.

Al die jaren leed Dekker onder bittere geldproblemen doordat hij op te grote voet leefde en te royaal voor anderen was. Met lenen probeerde hij uit de schulden te komen, maar daardoor stapelden die zich juist op. Hij trouwde met baronesse Everdine (Tine) van Wijnbergen in de hoop dat zij nog eens een erfenis zou krijgen van enkele oude tantes. Standplaatsen als Bagelen, Menado en op Ambon wisselden elkaar af. Dekker kreeg steeds meer problemen met zijn superieuren.

–Spa—het Casino

–De Baden van Spa

–Spa, waar Multatuli
verloor en verloor

Kerstmis 1852 ging hij op langdurig verlof. Terug in Holland hoopte hij nog steeds op een erfenis van zijn vrouw. Onderzoek naar haar familie-omstandigheden bracht echter aan het licht dat er weinig te halen was.

Oktober 1853 ging Dekker naar het Belgische Spa, deels om te kuren (tegen zijn zwakke zenuwen) en verder om zijn geluk in het casino te beproeven. Daar werd hij gegrepen door het spel en het spelerswereldje en vooral door de mogelijkheid om het spel te leren beheersen, kansen te berekenen en de bank te laten springen. Die fascinatie dreef hem uiteindelijk meer dan pure winzucht.

Tot de winnaars behoorde Dekker niet. In korte tijd verspeelde hij in Spa al zijn resterende geld en was hij gedwongen tot lenen bij familieleden, met name bij zijn stijve broer Pieter. Zijn vrouw Tine raakte in verwachting, op welke grond Dekker bij de Minister van Koloniën Pahud verlenging van zijn verlof vroeg alsmede een voorschot van drie maanden op zijn traktement. Hij kreeg dat, ging opnieuw naar Spa en verspeelde het geld. Daarna begaf hij zich in januari 1855 naar Homburg en Wiesbaden in de hoop nu eindelijk een onfeilbaar systeem te ontdekken, en weer verloor hij.

'Ik ben bitter en bedroefd', schreef hij aan Tine op 23 januari 1855. Enkele maanden later keerde hij, met nòg meer van zijn broer Pieter geleend geld, terug naar Nederlands-Indië.

Daar volgde zijn benoeming tot assistent-resident van Lebak. De conflicten met zijn superieuren liepen zo hoog op dat hij uiteindelijk ontslag nam en in grote armoede terugkeerde naar Nederland.

In eenzaamheid, op een koud kamertje in een Brussels logement, schreef Eduard Douwes Dekker onder de naam Multatuli binnen twee maanden zijn befaamde boek 'Max Havelaar of de koffieveilingen der Nederlandse Handelmaatschappy', bedoeld als een aanklacht tegen de Hollandse koopmansgeest.

Het verscheen in 1860 en maakte veel los, maar de schrijver werd er niet rijk van doordat hij al zijn rechten had verkocht om contant geld te hebben. Aansluitend was hij gedwongen tot een leven van veelschrijven, met name bundels 'Ideeën', en ook 'Millioenen-studiën'.

–Mimi–de vrouw met wie Multatuli
de laatste jaren van zijn leven sleet

Nog één groot plan kwam er aan het slot van 'Millioenen-studiën' in hem op: hij dacht miljonair te worden door de spoorwegmaatschappijen van Europa en Amerika zover te krijgen dat ze de achterkanten van hun spoorkaartjes met reclame gingen bedrukken. Om dat doel te bereiken schreef hij, geheim! geheim!, spoorwegdirecties, staatshoofden en regeringen aan. Dekker maakte zich huizenhoge illusies over het resultaat, maar de oogst was uiteindelijk geen antwoord of een nietszeggend antwoord. Zijn illusies stortten als een kaartenhuis in.

In later jaren leefde Eduard Douwes Dekker gescheiden van zijn gezin, dat hij financieel probeerde te onderhouden met zijn schrijverij, en later ook met het houden van voordrachten, de verkoop van zijn portret en giften van bewonderaars.

Met een van zijn bewonderaarsters, Mimi Hamminck Schepel, ging hij samenleven, afwisselend wonend in Nederland en in Duitse oorden met speelbanken als Wiesbaden.

Uiteindelijk kwam hij tot de slotsom dat het dwaasheid is om te geloven in een systeem van kansberekening. Het enige dat de speler kan doen is vertrouwen op zijn of haar geluk, dat de ene keer wel en de andere keer niet komt. Zowel bij winst als verlies moet de speler zich in de hand houden, is een andere les die hij trok.

Eduard Douwes Dekker bleef nog jaren tobben met geldproblemen, maar hij speelde niet meer. Liever ging hij vliegeren met zijn pleegzoontje Wouter. Maar hij had het allemaal gedaan, beleefd, doorleefd en opgeschreven toen hij in 1887 overleed.

Albert Einstein, wiskundige: 'Er zijn twee manieren om met het roulettespel geld te verdienen: fiches stelen of systemen verkopen.'

−Neon Vickie, vertrouwd baken
voor Las Vegas-gangers

'We krijgen het spelen nooit en te nimmer de wereld uit'

Voor Mario Puzo, schrijver van 'The Godfather' en 'Mamma Lucia', is het nog altijd een vraag waarom mensen het kansspel bedrijven: 'Er zijn veel verklaringen gegeven maar bijna alles wat ik erover gelezen of gehoord heb is je reinste kolder. Sommige psychiaters beweren dat spelen een masochistische handeling is, dat spelers per se willen verliezen om zichzelf te straffen. Voor sommige mensen zal dat wel kloppen, ja. Sommige mensen vinden het heerlijk om van de hoogste wolkenkrabber te springen. Maar miljoenen andere mensen komen voor het uitzicht. Het enige dat waar is, is dat er inderdaad kerels zijn die $ 50.000 of $ 100.000 winnen en niet kunnen stoppen en ten slotte alles weer kwijt raken. Dit soort mensen wordt bijna teder met 'verslaafde spelers' aangeduid.'

Mario Puzo was er zelf ook zo een. Zijn grootste slag was ooit $ 30.000 met Baccara. Om een speelschuld af te lossen schreef Puzo in 1976 zijn boek 'Inside Las Vegas', gebaseerd op eigen ervaringen. 'De kwestie is niet dat je graag wilt verliezen wat je gewonnen hebt, maar dat je je niet voor kunt stellen dát je kunt verliezen.'

Puzo ziet het kansspel als een religie: 'Wanneer je wint, ben je ervan overtuigd dat God zielsveel van je houdt. Je bent ervan overtuigd dat je dank zij een soort tweede gezicht precies dat getal kunt zien dat als bij toverslag zal verschijnen wanneer de rode dobbelstenen uitgerold zijn, of wanneer de dealer een kaart getrokken heeft. Wanneer je achter elkaar wint, begin je in je eigen onfeilbaarheid te geloven. Waarom zou je dan stoppen? Daar komt bovendien een gevoel bij waar niet-spelers geen weet van hebben; het is het gevoel van *deugdzaamheid* (ik kan het met geen ander woord beschrijven) wanneer de stenen precies zo vallen als jij 't ze bevolen hebt. En dan dat gevoel van alwetende goedheid wanneer de kaart die je hebben moet, boven op het pak verschijnt en je hem verrukt maar vol zelfvertrouwen ziet vallen...'

Puzo gaat zelfs zover te beweren dat het kansspel een beter mens van hem maakte:

'Dat gaat namelijk zo: in de opwinding van het spel doe je dingen die oneerlijk en smerig zijn. Je schendt het vertrouwen dat de mensen in jou gesteld hebben. Je houdt je niet aan je verplichtingen tegenover de mensen die je lief en dierbaar zijn. Daarna voel je je zo rot omdat je al die dingen gedaan hebt dat je je vroeg of laat (meestal laat) gaat veranderen en je schuld weg probeert te wassen door je in alle mogelijke situaties eerlijk te gedragen. Of je probeert in ieder geval om dat soort dingen niet meer uit te halen.'

Volgens Puzo is er niets op tegen dat mensen denken met spelen hun problemen op te lossen, maar bovenal ziet hij het spel als een manier om het leven een beetje jus te geven.

Puzo weet wat het is om verslaafd aan het kansspel te zijn en hij raadt het niemand aan. Meer plezier beleeft volgens hem de man of vrouw die het puur als een spelletje ziet, als een manier van vermaak. Het mooiste voorbeeld dat hij beschrijft, klinkt als een sprookje, maar is uit de werkelijkheid gegrepen: 'Er was eens een vrouw uit Brooklyn. Ze had al een heel leven achter de rug. Ze was getrouwd en had kinderen. Haar zoons werden geslaagde artsen en advocaten. Haar dochters schonken haar kleinkinderen. Haar man dreef een van de goed lopende delicatessenzaken op Coney Island. Ze was een model huisvrouw, een zorgzame moeder en een trouwe echtgenote.

Toen ze vijfenzestig was, stierf haar man. Ze bracht haar dagen breiend door en ging bij haar kleinkinderen op bezoek. Vrienden namen haar mee naar Florida; naar Miami Beach. Ze vond de mensen er veel te oud. Ze ging bij haar dochter in Californië op bezoek. Ze vond de mensen er veel te jong. Op de terugreis naar New York maakte ze een tussenlanding in Las Vegas. En daar werd ze een verslaafde kruimelspeler, een soort die in Amerika veel voorkomt. Ze huurde een appartement en begon een ''zondig'' leven.

In Zuid-Frankrijk kom je de kruimelaar veel tegen. Het is de verarmde edelman met zijn ingewikkelde roulette-systemen, de courtisane in ruste, de Engelse rentenier, de Amerikaanse expatriant die dankzij de fluctuerende wisselkoersen en zijn hartstocht voor de Roulette zijn leven weet te rekken.

In Vegas speelde de vrouw uit Brooklyn de godganse dag. Ze las alles wat er over roulettesystemen geschreven was. Ze speelde aan de speelautomaten tot ze kramp in haar schouders kreeg. Ze verzamelde schatkisten vol *nickels, dimes* en kwartdollars. Ze sloot vriendschap met andere kruimelaars en samen maakten ze uitstapjes naar de Hoover Dam en de Grand Canyon. Haar spaargeld sprak ze nooit aan. De huur betaalde ze uit haar bijstand en haar pensioen, en wat er over bleef verspeelde ze in een vast bedrag per dag.

Wie zegt dat ze gelukkig was, doet haar schromelijk tekort. Ze leefde in een staat van pure gelukzaligheid. De snorrende speelautomaten van het casino, de rondtollende rode en zwarte nummers van de rouletteschijven en de blackjackkaarten die voor haar werden getrokken brachten haar elke dag in verrukking. Ze vergat haar naderende dood. Zo leefde ze vijftien jaar.

Twee keer per jaar kwamen haar zoons en dochters op bezoek. Ze namen haar kleinkinderen mee en deze kregen cadeautjes van haar. (Zelf zette ze voor geen prijs een stap buiten Las Vegas.) Maar op een dag begon een van die ouderdomskwalen als het huispercentage van een casino haar aan te vreten. Ze moest in bed blijven en werd zwakker en zwakker. Maar elke dag kwamen haar vrienden om haar bed zitten om samen gin-rummy te spelen. En zo stierf ze, met een paar kaarten in de hand en zevenentachtig dollarcent verlies.'

Byron: 'In play, there are two pleasures for your choosing—the one is winning, and the other is losing' (In het spel kunt gij uit twee genoegens kiezen—het ene is winnen en het andere verliezen)

–Françoise Sagan—vanaf haar 21ste een verwoed speelster

–Deauville, van binnenuit gezien

–Deauville, geschilderd door
Kees van Dongen, die een
geziene gast was in deze
badplaats

'Nooit heb ik een zo volmaakt bevredigend gevoel van trots gehad'

De in 1935 geboren Franse schrijfster Françoise Sagan, bekend geworden met haar debuut 'Bonjour Tristesse', heeft al haar hele leven een passie voor het kansspel, dat wil zeggen sinds zij op haar eenentwintigste verjaardag voor het eerst voet zette in een casino. In gezelschap van enkele vrienden onderging ze haar vuurdoop in het Palm Beach in Cannes waar die avond ook enkele Hollywood-bazen als Jack Warner en Darryl Zanuck en leden van de cognac-familie Hennessy aan tafel zaten.

Het eerste wat Sagan zich eigen maakte waren de spelregels van Baccara/Chemin-de-fer.

Ze voelde hoe in het casino 'de duivel' in haar werd losgemaakt, maar nam zich voor altijd behoedzaam te spelen. Staande aan de roulettetafel besloot ze dat haar favoriete getallen voortaan 3, 8 en 11 waren, en dat ze verder blijvende voorkeuren had voor zwart boven rood, voor impair boven pair en voor manque boven passe.

In 'Dierbare Herinneringen' uit 1985 haalt zij herinneringen op aan een leven van spelen voor het plezier, waarbij zij naar eigen zeggen meer won dan verloor. Niettemin kent ze het gevoel van de verliezer: 'Spelers houden er niet van te verliezen, echte spelers, bedoel ik. Maar soms prijzen ze zich gelukkig omdat hun verlies aan het eind van het spel kleiner is dan in de loop daarvan. Ze prijzen zich gelukkig, ze zijn trots op zichzelf en met reden, want laat men zich niet vergissen: spelen vergt niet alleen dwaze hartstocht, lichtzinnigheid—en een vreselijk, koopvernietigend gebrek in je geest—het vergt ook koelbloedigheid, wilskracht en deugd in de Latijnse zin van het woord virtus: moed.'

Om haar heen zag Françoise Sagan alle mogelijke gezichtsuitdrukkingen: gespeelde onverschilligheid, wantrouwen, goedgelovigheid, teleurstelling, razernij, drift, koppigheid, verontwaardiging, opluchting en uitbundige vreugde. De meeste spelers vond ze net slechte acteurs uit B-films en ze besloot altijd één houding aan te nemen, namelijk 'altijd met een glimlach of zelfs beminnelijk te reageren op alles wat het lot mij zou brengen aan tegenslagen en geluk. Evenmin als in mijn lievelingsgetallen is in die opvatting ooit enige verandering gekomen. Ik ben zelfs met mijn onverstoorbaarheid gecomplimenteerd door méér dan onverstoorbare Engelsen, en ik moet bekennen dat ik daar trotser op ben dan op de paar andere deugden die ik in mijn leven heb menen of weten te ontwikkelen. Ik zal hier geen poging doen te verklaren waar de neiging tot spelen vandaan komt; die heb je of die heb je niet; speler ben je van geboorte, zoals je van geboorte roodharig, intelligent of haatdragend bent.'

Françoise Sagan bezocht in haar leven veel casino's. Zo speelde ze in Monte Carlo Baccara/Chemin-de-fer aan één tafel met Faroek, de laatste koning van Egypte.
's Zomers ging ze wonen in Honfleur bij Deauville, waar zij meer in het casino was dan op het strand. Op een middag, het was acht augustus (de achtste maand) won ze daar tachtigduizend nieuwe francs, door op de 8 te zetten. Om acht uur 's avonds kwam ze terug in haar huurhuis in Honfleur, dat nogal onderkomen was, maar dat haar goed beviel. De eigenaar wachtte haar op met de vraag of ze het huis niet wilde kopen. Sagan had in haar hele leven nog nooit een huis gekocht omdat ze bezit ballast vond, maar de huisbaas vroeg er tachtigduizend franc voor.
'Wat moest ik tegen zoveel overmacht? . . . Ik haalde een stapel bankbiljetten tevoorschijn uit mijn uitpuilende avondtasje en overhandigde hem die'.
Ook had de tweemaal gehuwde schrijfster van bestsellers als 'Aimez-vous Brahms?' en het toneelstuk 'Chateau en Suède' weleens een 'Dostojevskiaanse avond' van zware verliezen. Dat waren soms zwarte avonden, maar die had ze niet willen missen: 'Als je jezelf een hele middag, een hele week achter elkaar hebt zien verliezen, als je je in de steek gelaten voelt door de goden, door het geluk en door je zelf, en als dan plotseling het spel een gunstige wending voor je

neemt, dan kost het je ontzettend veel moeite om er weer in te gaan geloven, om de fortuin bij de haren te grijpen, je daaraan vast te klampen en je kans te benutten. Zo heb ik nog maar kort geleden in een casino aan het Kanaal tien dagen achter elkaar verloren, elke dag een beetje meer, en elke dag kwam ik terug, in de hoop mijn verlies weer ongedaan te maken en omdat het me volslagen onmogelijk was mijn schulden onmiddellijk te betalen.

De twaalfde dag keerden plotseling de kansen, op twee tafels. Ik waagde het erop en speelde achter elkaar door op plein, op kleur, op manque en op de kantjes. Het kostte me een uur—alweer—om mijn hele verlies terug te winnen (en mijn nummers wonnen trouwens ook maar gedurende één uur). Begeleid door de half geschokte, half bewonderende blikken van de croupiers verliet ik het casino, slechts 300 franc armer en jubelend van vreugde en trots. Ik zal hier iets bekennen: zelden heb ik, zelfs bij de premières van mijn stukken, die soms een doorslaand succes waren, zelfs bij het lezen van de soms zeer lovende recensies van mijn boeken, nooit heb ik een zo volmaakt bevredigend gevoel van trots gehad.

De terugtocht, die avond over de weg langs de zee van Deauville naar Honfleur, in een oude auto met de kap omlaag ondanks de kou, en vergezeld door jubelende vrienden, was een van de heerlijkste momenten in mijn leven. Een week lang had ik in het vagevuur gezeten, bijna was het slecht afgelopen, maar ik had mij eruit gered, en links was de zee grijs, en rechts was het gras donkergroen, en de hele wereld was van mij.

Na tien dagen van hardnekkig volhouden en nerveuze spanning was ik er in geslaagd niet meer dan 300 franc te verliezen! Wat een geluk!'

La Fontaine: 'On hasarde de perdre en voulant trop gagner' (Men loopt de kans te verliezen als men te veel wil winnen)

III

–La Traviata—Alfredo (Nicolai Gedda) verlaat de speeltafel rechts om Violetta (Montserrat Caballé) zijn winst in het gezicht te smijten; voorstelling in Covent Garden in 1974

Niet alleen maar drama

Geen grotere drama's spelen zich af dan in de opera. Daar is het opera voor. Zelden loopt in een opera iets goed af. Geliefden worden uiteen gerukt, worden neergeschoten, neergestoken, vergiftigd, sterven van smart... Het kan dus haast niet anders of ook speelscènes in opera's moeten allemaal tot drama's leiden.

Maar is dat ook zo?

In *La Traviata* van Giuseppe Verdi draait het allemaal om Violetta, een courtisane, die de liefde niet serieus neemt. Ze lijdt aan de tering en wil voor de rest van haar leven alleen nog maar plezier en luxe. Dan komt Alfredo in haar leven: hij bekent haar zijn liefde, even nog neemt ze hem niet serieus, om vervolgens gelukkig te gaan samenwonen in een landelijk optrekje buiten Parijs.

Maar dan! Op verzoek van de vader van Alfredo, die voor de goede naam van zijn familie vreest, breekt Violetta met haar geliefde Alfredo en stort zich weer in het nachtleven van Parijs. Alfredo weet niet wat de reden is van de breuk en reist haar achterna. Op een feest zien en horen wij hem aan de speeltafel. En wat denk je? Hij wint spel na spel.

'Ongelukkig in de liefde, gelukkig in het spel', roept hij uit. Violetta speldt hem op de mouw inmiddels van een baron te houden. Buiten zichzelf van woede roept Alfredo het hele feestgezelschap bij elkaar. In aller aanwezigheid smijt hij zijn kaartwinst in haar gezicht. Aan het eind van de opera kwijnt Violetta weg van de tering en sterft zij, in de armen van Alfredo. Een drama ja, maar niet aan de speeltafel.

In *Arabella* van Richard Strauss speelt de speeltafel een rol als veroorzaker van problemen. In het Wenen van 1860 staat de familie Waldner er door de speellust van graaf Waldner slecht voor. Er is geen geld meer, en de enige hoop is gericht op Arabella, wiens schoonheid te koppelen moet zijn aan een rijke man. Na een hoop operette-achtige verwikkelingen krijgt Arabella een landeigenaar, en ook haar zusje Zdenka trouwt een goede partij. De geldzorgen zijn daarmee uit de wereld. Eind goed, al goed.

In *Robert le Diable* van Giacomo Meyerbeer is Robert de zoon van de duivel en een aardse vrouw. De duivel, in deze opera Bertram geheten, achtervolgt Robert overal om hem in het ongeluk te storten. Robert begaat misdaden, wordt verbannen en laat zich verleiden tot het kansspel, waarbij hij al zijn bezittingen verliest.

Ook hierna heeft de duivel telkens succes. Zo wekt hij een groep overleden nonnen uit hun graf op, nonnen die bij hun leven de eed van kuisheid hebben geschonden. Deze geesten proberen Robert te verleiden met de liefde, de drank en het kansspel, maar dan wordt de ban gebroken en verdwijnt de duivel Bertram voorgoed uit het leven van zijn zoon. Eind goed, al goed.

In *La Fanciulla del West* (= Het Blondje van het Wilde Westen) van Giacomo Puccini is Minnie eigenaresse van de Polka, een saloon in een wild-west mijnstadje anno 1850. Ze is een soort moeder voor alle ruwe bolsters met blanke pitten die daar komen drinken en spelen. Als ze volop aan een spelletje Faro bezig zijn, komt sheriff Jack Rance binnen, een ruige klant wiens spelershart hem naar het wilde westen heeft gevoerd. Er wordt door iemand vals gespeeld en Jack Rance prikt hem een kaart op de borst, het merkteken van de valsspeler. In een volgende scène duikt een vreemdeling op, die whisky met water bestelt. Minnie herkent hem van lang geleden, maar ze weet niet meer waarvan. De vreemdeling is een gezochte bandiet en hij en Minnie vallen voor elkaar. Sheriff Jack Rance gedraagt zich jaloers, want ook hij wil Minnie. De vreemdeling en Minnie krijgen ruzie. Rance ontmaskert de vreemdeling als een boef, maar Minnie beschermt hem.

Ze stelt Rance voor een pokerspel om de vreemdeling te spelen: wie wint mag hem hebben. Rance, de speler, gaat akkoord. Minnie verbergt een winnend stel kaarten onder haar kleren. Als ze om een glaasje vraagt, en Rance dat haalt, pakt ze die kaarten uit haar kous: drie azen en een pair. Daarmee wint ze van de drie koningen die Rance in handen heeft.

Rance laat de vreemdeling hierna niet met rust. Hij krijgt hem in handen. Voordat de vreemdeling wordt opgehangen vraagt die een gunst: laat Minnie niet weten dat ik dood ben, laat ze maar denken dat ik een ander leven ben begonnen. Met zijn hoofd al in de strop wordt hij alsnog gered door Minnie, die Rance herinnert aan het feit dat zij recht heeft op liefde. Samen vertrekken ze, uitgezwaaid door de gelukzoekers in het stadje. Eind goed, al goed.

Zo zijn er meer opera's, waarin het met spelers niet zo slecht afloopt. In *Les Contes d'Hoffmann* van Jacques Offenbach raakt de dichter Hoffmann verzeild in Venetië, in het gezelschap van de courtisane Giulietta. Op een partij neemt hij deel aan het kaartspel. Terug van de speeltafel is hij alles kwijt. Daartoe opgestookt door een duivels-figuur, een intrigant die haar een diamanten ring belooft, berooft Giuletta de arme Hoffmann ook nog eens van zijn spiegelbeeld (zijn ziel dus). Aan het slot is hij alles kwijt. De les is dat Hoffmann zich niet met vrouwen en werelds vermaak moet bezighouden, maar dat hij zich als dichter aan de muze moet wijden. Is dat verlies of winst?

In de meeste opera's dient de speeltafel als niet meer dan décor voor de handeling, zoals in *Manon Lescaut* van de al eerder genoemde Puccini. In deze opera is de broer van Manon zo verdiept in het kaartspel— en de drank—dat hij te laat bemerkt dat zijn zuster door een van haar aanbidders wordt weggevoerd.

Meer componisten gebruikten de drakerige roman Manon Lescaut van Abbé Prevost voor een opera. Manon is een beeldschoon meisje waaraan door verschillende mannen wordt getrokken. Enerzijds verlangt zij naar het kloosterleven, anderzijds heeft zij grote hartstochten en een hang naar een werelds leven. Jules Massenet verwerkte in zijn versie van Manon de meeste speelscènes. Er wordt gekaart en gezongen. Zo zingt een van de spelers 'A quoi bon l'economie'— Waarom zuinig geleefd?

De vierde akte speelt zich af in Hotel Transylvanie, een mondain speelhuis, waar behalve Manon ook haar aanbidders aanwezig zijn. De ene aanbidder wint, de ander raakt blut en beschuldigt de eerste van valsspelen. De politie komt eraan te pas en op verdenking van medeplichtigheid aan het valsspelen wordt Manon in de boeien gesla-

−Porgy & Bess—de Crap
Game in de eerste akte—
opgevoerd in Glyndebourne

−Pique Dame/Schoppenvrouw—opera over het geheim
van de drie kaarten; met Wladimir Popov als Herman

gen en veroordeeld als een lichte vrouw. Op transport gesteld sterft zij. Een drama.

In *Porgy and Bess* van George Gershwin is het spel een niet te verwaarlozen element. Wij bevinden ons rond Catfish Row, een verwaarloosd buurtje in South Carolina, bevolkt door zwarten. Al in de eerste akte is een groepje verdiept in een partijtje Craps. Op de achtergrond klinkt Summertime. Even later komt de kreupele Porgy op, zich voortbewegend in een geitekarretje. Hij is verliefd op Bess, maar zij behoort toe aan Crown. Die is half dronken en wil meedoen aan het dobbelspel. De anderen bemerken dat Crown zo bezopen is dat hij de dobbelstenen niet eens goed kan lezen. Crown verliest en vermoordt een tegenspeler met een katoenhaak. Hij vlucht met geld van Bess.
Bess is intussen gelukkig met Porgy, maar als Crown weer voor haar staat kan ze hem niet weerstaan. Later bezwijkt ze voor een onderwereldfiguur, Sportin' Life, die haar meelokt naar New York. Maar voor het zover is wordt Crown gedood door Porgy. Als Porgy een week later uit de gevangenis komt is Bess verdwenen. Het laatste beeld is Porgy die Catfish Row uitrolt in zijn geitekarretje, vastbesloten om Bess terug te vinden. Een drama.

De meest uitgesproken kansspel-opera's uit het repertoire zijn Pique Dame en De Speler.
In *Pique Dame* van Peter Ilitsch Tchaikovsky (1840-1893), gebaseerd op een gedicht van Poesjkin, draait alles om 'het geheim van de kaarten', en om de liefde en het geluk natuurlijk. Het geheel speelt zich af in St. Petersburg, aan het eind van de achttiende eeuw. Herman, de hoofdfiguur, is een echte speler, maar sinds hij verliefd is op Lisa, de kleindochter van De Gravin, is hij niet in staat tot spelen. Wel staat hij een hele avond naar het kansspel te kijken. Oh treurnis! Lisa is uitgehuwelijkt aan de rijke prins Yeletsky. Als Lisa en haar grootmoeder De Gravin op het toneel verschijnen, gaan er verhalen rond over deze eertijds verwoede speelster.

Naar het schijnt heeft De Gravin voorgoed de kaarten neergelegd. Een van Hermans vrienden bezingt haar levensverhaal: ooit was De Gravin beeldschoon en had zij vurige aanbidders als graaf Saint-Germain. Destijds verkoos zij het kaartspel boven zijn liefde.

Toen deed de verliefde graaf haar een voorstel: als hij éénmaal een rendez-vous met haar mocht hebben, zou hij haar 'het geheim van de kaarten toevertrouwen'.

Na de nacht waarin De Gravin het geheim leerde kennen, won ze aan één stuk door. Aan twee mensen gaf zij in de loop van haar leven het geheim door: aan haar echtgenoot en aan een jonge aanbidder. Maar in een droom kreeg zij een waarschuwing: als zij het geheim aan een derde zou onthullen, dan zou zij sterven. Herman wil niets liever dan het geheim van De Gravin kennen: daarmee kan hij rijkdom verwerven en alsnog een kans bij Lisa maken. Lisa is vol twijfels over de prins aan wie zij is uitgehuwelijkt. Er is dus een kans. Nog voordat hij probeert het geheim van de kaarten te leren kennen, wint hij al Lisa's hart.

Maar dan slaat het noodlot toe: als hij Lisa stiekem wil bezoeken, ontdekt De Gravin hem als een binnensluiper. Herman raakt in paniek, trekt zijn pistool en ... de gravin krijgt van schrik een hartaanval en overlijdt. Herman is desperaat: nu zal hij nooit het geheim van de kaarten kennen. Op dat moment komt Lisa binnen, en trekt de conclusie dat hij dit alles heeft gedaan om het geheim van de kaarten te leren kennen. Hij houdt dus meer van het kansspel dan van haar?! Dan gebeurt er weer een wonder: de geest van De Gravin verschijnt aan Herman, zegt dat hij met Lisa moet trouwen, en dan geeft ze het geheim van de kaarten: Drie! Zeven! Aas!

Ook met Lisa komt het weer goed, maar natuurlijk wil Herman nu naar het speelhuis om zijn geluk te beproeven. Lisa denkt dat hij gek is geworden, maar hij is bezeten, duwt haar opzij en snelt weg. Lisa verdrinkt zichzelf in het kanaal.

In het speelhuis wordt intussen gesoupeerd, slechts een paar mensen kaarten. Herman zoekt medespelers en vindt de door Lisa afgewezen Prins Yeletski bereid. De Prins zegt op die manier wraak te willen

nemen: ongelukkig in de liefde, gelukkig in het spel. Herman zet twee keer hoog in en wint, met de drie en de zeven als troefkaarten. Als hij uitdaagt om tegen nog hogere inzetten te spelen, neemt alleen de prins de uitdaging aan. Herman weet zeker dat de troef bij een volgend spel een aas is, maar het wordt schoppenvrouw.

Op dat moment ziet Herman de boze geest van De Gravin en uit een ijselijke kreet. Iedereen deinst achteruit terwijl hij in razernij verkeert. Dan doorsteekt hij zichzelf.

Een ijselijk drama!

In *De Speler* van Sergei Sergyevich Prokofiev (1891-1953) zijn de verhalen verwerkt die Dostojevski over het spelersleven in Roulettenburg schreef. Hoofdrolspeler in de operaversie is Alexey. Hij is een gepassioneerde speler en behoort tot het gezelschap van een gepensioneerde Russische generaal. Als leraar van de kinderen van de generaal verdient hij zijn brood. Hij is verliefd op Pauline, de stiefdochter van de generaal.

De generaal wacht op het nieuws dat zijn rijke tante is overleden, maar hij krijgt slechts berichten over haar goede gezondheid. Hij heeft veel geld geleend van een rijke Fransman, en is verliefd op Blanche, een demi-mondaine.

Alexey heeft geld van Pauline gekregen om te spelen, maar verliest in de opera-versie van 'De Speler' alles, terwijl hij in het boek met haar geld wint. Ook grootmoedertje uit De Speler verschijnt ten tonele, en terwijl ze in het boek verschrikkelijk wint, gaat zij in de opera-versie finaal bankroet. Ook het vervolg en de afloop zijn in de opera dramatisch anders. De speler wint, maar verliest de liefde van Pauline. Zo kun je van alles een drama maken!

Vergilius: Audentes fortuna juvat (Het geluk is met de stoutmoedigen)

–Het draait allemaal om geld...

*–Le 12 van Bussoz: om te winnen
moet de speler met 2 kogels
12 punten scoren*

Money makes the world go around
(and faith, hope and love)

In pursuit of the essence of games of chance and gamblers, in literature, opera and film

Introduction

Money keeps things spinning, particularly in the world's casinos. But in casinos you also need hope, faith and love. Hope that all will end well. Love for games like roulette, black jack and punto banco. Faith in the possibility of winning.

It takes courage to play and the genuine gambler is always a romantic figure, surrounded by excitement, acting like a magnet in attracting an audience.

In my research for this book, I became fascinated by the fascination of writers, filmmakers and composers with gambling. And in its history and the rise of the casino.

Wim Wennekes,
Friday 13 March 1992, Chez Gendron
St. Palais de Blaye.

A short history of gambling
From dice and devilish prints to roulette and fruit machines

Ancient Egyptians and Syrians played dice. In ancient Greece, Achilles and Ajax gambled with dice at the walls of Troy. Roman soldiers threw dice at the foot of cross to win Jesus' clothes. Crusaders played at the gates of the Holy City. Noblemen and women risked their homes on the fall of the dice. Dice is still played: in its noisiest form as the American craps. According to expert John Scarne, craps was introduced by poor black slaves in the southern states and spread to casinos, and more money is lost at the crap tables than anywhere except the Stock Exchange and horse races.

No one seems to agree on the origin of playing cards. Some stories quote the bored concubines of Chinese emperors as the first players. Italians claim the honour and point to punto banco as one of their oldest games. The Spanish and French reply with ombre, baccarat and vingt-et-un. The latter, transformed into black jack, was popular with Napoleon and Josephine. Certainly in the distant past playing cards were considered as prints from the devil.
Cards grew in popularity once printing was invented and they no longer had to be drawn or painted by hand. England developed whist and later bridge. The Americans invented variations like poker, gin-rummy and black jack, now one of the most popular casino games.

How roulette, the mother of all casino games, developed is unclear. The name indicates a French origin. What is certain is that in Europe the game first became popular in Paris at the end of the 18th century. When Louis Philippe, the 'commoner king' banned the game in 1838, its popularity merely spread into Germany and from there throughout the world.

Fruit machines arrived on the scene at the end of the last century, with the introduction of automatic dispensers for chewing gum, cigarettes and postage stamps. Charles Fey of San Francisco introduc-ed his Liberty Bell slot machine in 1895, with bells as rolling symbols. These were later changed to playing cards. When the American law enforcers began hunting out slot machines, these automatic gambling machines were disguised as sweet dispensers. The fruit symbols rein-forced the deception, and gave them their popular name.

A short history of casinos
A ball can only roll

The theme that runs through the history of casinos is that whole cities grew and blossomed thanks to gambling. And in America something impossible happened: a town arose which mocked all the laws of the mirage: Las Vegas. There are many ways to enter this gambling Mecca. I arrived by plane. From the air and in daylight I could see what a strange place it is: desert, desert, cacti, the ribbon of a road. Then suddenly several small suburbs for croupiers, waitresses and ladies of the night, immediately followed by the centre with the endless Strip running right through the middle. At the airport, even in the toilets, there were fruit machines.

According to American sources, the first gambling houses opened in New Orleans in 1718. Gambling spread in the 19th century to Chicago, where it had a bad reputation because of mafia involvement, and to Las Vegas, which played host to gamblers, gold prospectors, railway workers and other adventurers. When a general ban was introduced, gambling just went underground. In the thirties Nevada became the first American state to decontrol gambling. Las Vegas gained its reputation as a gambling town after the Second World War through the efforts of the New York gangster Benjamin 'Bugsy' Siegel, who built the Flamingo Hotel annex Casino in 1946 on the then empty Strip. Others, like the mysterious Howard Hughes, followed his example and the town grew into a glittering collection of gambling palaces, hotels and conference centres, where international stars like Frank Sinatra and Shirley MacLaine appeared on stage. Other American gambling centres like Reno and Atlantic City have never surpassed Las Vegas.

Rise and fall of Baden-Baden
When the first Paris casinos closed in 1838, the rise of Baden-Baden began. The town's medicinal springs attracted the nobility of

Europe, who built villas and chalets. The enforced closure of the French casinos gave Baden-Baden an extra impulse. Jacques Bénazet, lawyer and gambling hall owner, moved his business to the town, where he contributed a theatre, better roads, exotic gardens and horse racing. His compatriots followed in droves and the German town became known as 'la capitale d'été': the summer capital.

Jacques Bénazet died in 1848 in suspicious circumstances and was succeeded by his son Edouard. The English Queen Victoria spent summers there but never visited the casino, unlike the composers Brahms and Berlioz and pianist Clara Schumann.

On 31 December 1872 the order came from Otto van Bismarck that all German casinos must close. High society moved on to Monte Carlo and Baden-Baden became just a spa town for rheumatic patients.

Monte Carlo: from rocky plateau to resort for the wealthy
Monte Carlo began life in 1861 when the penniless Prince Charles III took over the principality of Monaco. Rumour has it that it was his mother, Princess Caroline, who advised him to build a casino there. In fact nothing much happened until the French casino owner François (le) Blanc arrived following the threatened closure of his Homburg establishment. He invested heavily, arranged French subsidies for a road and a railway along the coast and turned Monte Carlo into a resort for the rich and famous. When he died in 1877, his widow and son took over.

The nobility rubbed shoulders with newly rich businessmen like Cornelius Vanderbilt and Arthur de Rothschild. Nijinsky, Isidora Duncan and Sarah Bernhardt performed in the theatres. But with the outbreak of war in 1914 the number of visitors declined drastically. All except one casino had to close, and within four years the Blanc family was bankrupt.

Other interests took over, and the Roaring Twenties brought hordes of rich Americans to Europe. King Farouk of Egypt considered Monte Carlo his place of exile. Greta Garbo and the Aga Khan were frequent visitors. Ownership passed to the Dreyfuss Bank in 1927, but operations had to stop during the Second World War.

Financial problems: Europe's casinos reopen
Roulette wheels were allowed to spin again thanks to a decree signed by Adolf Hitler on 14 July 1933. He needed the income to build up his country. Ten days later, gambling was legalised in France. Mussolini enthusiastically supported the gambling in San Remo. In Belgium, where gambling was 'absolutely forbidden' since 1902, the law was relaxed so the Treasury could profit from the casinos in Brussels, Antwerp, Spa and Ostend. Much the same happened in England, although the Gaming Act legalising gambling wasn't passed until 1968. The Dutch, with their Calvinistic government firmly against gambling, travelled abroad.

Casinos reopened after the Second World War for a new clientele of nobility and stars: the Duke and Duchess of Windsor, Shah Reza Pahlevi, King Hussein, Douglas Fairbanks and Josephine Baker. Countries like Yugoslavia, Portugal, Spain, Turkey and Korea introduced casinos. The then unknown Aristoteles Onassis took over in Monte Carlo and imported games like black jack from Las Vegas to attract American visitors. When he sold out, new owners developed the town into the gambling Mecca of Europe.

Last but not least: the Dutch
The Netherlands finally legalised gambling in 1973, but it wasn't until October 1976, after a seemingly endless debate about concessions and gambling tax, that the first casino opened for business. Arguments for legalising gambling had begun as early as 1861, put forward on behalf of the growing coastal resort of Scheveningen which needed to compete with the gambling towns of Ostend and Deauville. For a time around the last turn-of-the-century there was a private gambling club in the Kurhaus. And there was the strange case of Straperlo: a game of skill based on roulette. The inventors

argued that their game required skill not luck, and was therefore not illegal. Straperlo tables opened in Scheveningen in June 1933 and were an immediate success. But when Straperlo clubs began to open throughout the country, the law stepped in and banned the game. Finally, the first legal Holland Casino opened in Zandvoort, followed by Scheveningen, Valkenburg, Amsterdam, Rotterdam, Breda, Groningen and Nijmegen.

Green baize on a white screen
Sensation seeking

Filmmakers use the casino mainly as a background for argument, deceit, murder, robbery and passion. To show an average, well-ordered evening in a casino would send an audience to sleep. So they invent plots and intrigues which have little to do with reality.
Sometimes the trappings of gambling are not even shown. In *Stranger Than Paradise* for instance, the camera lingers over an empty poker table and on the emotions at a horse race. Most characters in films are either addicted to gambling or trying to stop, like Jeanne Moreau in *Bay of Angels* or the more sympathetic treatment in *Husbands*. Even in *California Split* where the main characters win, the moral is: emptiness follows gambling fever and winning. The policeman in *Love is a Woman* starts gambling as a cover and ends up a murder suspect! One of the few 'gambling' films with a happy ending is *Three Bites of the Apple*, where the hero knows when to stop and opens a travel bureau with his winnings. Genuine gamblers will prefer *Fever Pitch*, in which a journalist researches a series of articles on gambling by visiting famous casinos, a black jack dealers' school and Gamblers Anonymous. And *Spree* is a frivolous documentary about life in Las Vegas.
The George Raft Story is the dramatised life story of the actor and gambler who mainly played gangsters, gamblers and bodyguards. He was associated with gangsters like Benjamin Siegel, whose own life is the subject of the film *Bugsy*.

Machine Gun McCain is about robbing the Royal Hotel Casino in Las Vegas, in which the title character dies in a hail of bullets. Shots also ring out in westerns like *Silverado*, full of gamblers, drink and women, and *Butch Cassidy and the Sundance Kid*, with the Kid a confirmed poker player. And the 1930 film *Bombs on Monte Carlo* tells the story of the captain of a Russian warship who lost the entire ship's purse and threatened to destroy the casino if he didn't get his money back.

There are casino robberies in *Any Number Can Win*, *Femmina* and *Johnny Banco*. But more inventive are plots in which the characters try to break the bank by deceit and cunning in films like *Tricheurs* (Swindlers), *Stacy's Knights* and *Las Vegas Free-For-All*. In *The Honeymoon Machine* breaking the bank is just the start of the complications. *Jinxed* is the story of a player with a losing streak who tries to ruin a black jack dealer. A nice try at something different, but a flop. *Las Vegas Hill Billies* is a musical comedy in which a country boy inherits a casino.

Then there are the love stories. The widowed Alice meets the young gambler Thomas in a casino in *24 Hours in a Woman's Life*; Johnny falls for the casino owner's wife in *Gilda*; nightclub singer Elizabeth Taylor has an affair with gambler Warren Beatty in *The Only Game in Town*. *Summer and Smoke*, based on a Tennessee Williams' play, is a sad tale of unrequited love. And the love affair between comedienne Fanny Brice and the gambler Nick ends in tears in the biographical film *Funny Girl*.

Moral: don't watch films if you love gambling. For the curious, there's a list of other films about gambling on page 66.

The gambler by Feodor Dostoievsky
Loser or winner?

No writer in world literature has come as close to roulette and the soul of the gambler as the Russian Feodor Dostoievsky (1821-1881) in his novel *The Gambler*. Of course Dostoievsky was himself a dramatic loser. He tried his luck in the casinos of Bad Homburg, Baden-Baden, Wiesbaden and Saxon-les-Bain and used his experiences for his novel, which he set in 'Roulettenburg'.

On his first visit to a casino, the Gambler bets with Pauline Alexandrovna's money and wins handsomely. But vows to use his own money in future. On his next visit, after studying the systems people use, he bets small amounts, wins initially and then loses everything. There are several other characters in the book, the finest of which is the 75 year old Russian landowner Antonida Wasilievna, known as 'la Baboulinka' or grandmother. There's a wonderful scene where the Gambler advises her at the roulette table, she ignores him, beats the odds and wins. At which point she collects her winnings and leaves.

The Gambler himself has no system, wins and loses but cannot stop playing. His weakness becomes a tragic compulsion. Dostoievsky describes his 'madness' in such an emotive way that it becomes almost tangible.

The study of millions by Multatuli
'The incentive is not the game itself, but the struggle with fate.'

The Amsterdam-born Eduard Douwes Dekker (1820-1887) published under the name Multatuli (Latin for I have suffered much). His book *The Study of Millions* is about the art of becoming rich at the roulette table. In it he describes his stay in a German resort, his study of winning systems, and his conclusion that 'all systems are madness'. He discovered a certain insensitivity and indifference amongst the croupiers and other casino personnel, and describes in fascinating detail the behaviour of his co-players.

Dekker was unlucky: in gambling, in his writing, in his marriage and in his work as a civil servant in the Dutch East Indies. He had severe doubts about the justice of Dutch colonial rule and the treatment of the local people by native rulers protected by the Dutch government. He lived well beyond his means and by the time his superiors sent him back to the Netherlands on extended leave, he was virtually penniless. What little money he had he gambled away. In 1855 he returned to the East Indies as assistant diplomatic representative in Lebak, but his conflict with his superiors became so heated that he was fired. In a cold and lonely room in a Brussels lodging house, he wrote his famous book *Max Havelaar* (available in an excellent English translation), based on his experiences in the Dutch colony. It created a great deal of controversy but made him no money.

Mario Puzo: confessions of a gambler
'We'll never free the world of gambling'

Mario Puzo, author of *The Godfather*, was addicted to gambling. His biggest bet was 30,000 dollars in a baccarat game. To pay off his gambling debts, he wrote about his experiences in *Inside Las Vegas*, published in 1976. 'It's not that you want to lose what you've just won, but that you can't believe that you *will* lose.' Puzo thinks gambling is like religion: a question of faith. He even claims that it made him a better person. 'In the excitement of the game you behave so badly, that sooner or later (usually later) you feel so rotten that you try to cleanse yourself by being totally honest.'
Puzo sees gambling as a way of adding spice to life. He knows what it is to be addicted and doesn't advise it, but says those who see gambling as just a game will get a lot of pleasure. And he relates, in fairytale style, the true story of a woman with successful children and lovely grandchildren. When her husband died, her life consisted of knitting and visiting her family until one day she changed planes in Las Vegas. She was hooked. Rented a flat. Made friends with other players. Spent all her spare money in the casinos. She lived in a state of bliss. When she grew very old and weak and bedridden, her friends came each day to play gin-rummy. And so she died: with cards in her hand and an 87 cent loss.

Françoise Sagan: fond memories
'I've never had such a totally satisfying feeling of pride'

The French writer Françoise Sagan, born in 1935 and famous since her debut novel *Bonjour Tristesse*, has had a passion for gambling since her first visit to a casino at the age of 21. In her 1985 book *Fond Memories* she remembers a life of gambling for pleasure, during which she won more than she lost.

She spent summers in a rented house in Honfleur, just outside Deauville with its casino. There, one afternoon, she won 80,000 francs. When she returned to the house in Honfleur, the owner was waiting for her. Would she like to buy the house? Asking price: 80,000 francs! She bought it.

But she understands what it is to lose. 'Not so long ago I had a losing streak that lasted ten days. Each day I lost a little more, but I returned every day in the hope of making good my losses and because I couldn't immediately pay off my debts. My run of bad luck changed on the 12th day and in one hour I'd won back all that I'd previously lost. And I must confess, not even successful first nights of my plays or glowing reviews of my books have given me such a totally satisfying feeling of pride.'

Oh! Ah! Gambling in opera
More than drama

There's nothing so dramatic as opera. There's seldom a happy ending. Lovers are torn apart, shot, stabbed, poisoned, die of sorrow. Games of chance in opera should therefore provide dramatic scenes, but do they?

In *La Traviata* by Verdi, the courtesan Violetta, who is suffering from consumption, meets the young Alfredo and gives up her hectic life in Paris to live with him. Alfredo's father asks Violetta to give up his son for the sake of the family's good name and she returns to her previous protector. Alfredo, not knowing why she left him, follows her to Paris and finds her at a party. He plays cards and wins game after game and then throws his winnings in her face. At the end of the opera Violetta dies in his arms. A drama, but not at the gaming table.

It's gambling which has caused money problems for the Waldner family in Richard Strauss' *Arabella*. The only hope is to marry off the beautiful daughter Arabella to a rich man. After a series of misunderstandings, she gets her man, as does her sister Zdenka. A happy ending.

In *Robert le Diable* by Meyerbeer, the son of the devil and a human is led astray by his father. He becomes a criminal, an exile and a gambler who loses all his possessions. But eventually the spell is broken. A happy ending.

Puccini's *La Fanciulla del West* (The Girl of the Golden West) is about Minnie, owner of the Polka saloon. The local sheriff loves her; she loves a stranger who turns out to be a wanted man. Minnie and the sheriff play poker with the stranger as the prize, and Minnie wins. But the sheriff arrests him anyway and Minnie has to rescue him from the noose. They leave town together. A happy ending.

In act three of Offenbach's *The Tales of Hoffmann*, the poet hero is in Venice where he loses everything at cards. Hoffmann's tales are of his three tragic loves and at the end he turns away from women and returns to the Muse. Is this sad or happy?

The melodramatic novel *Manon Lescaut* by Abbé Prevost has been used by several composers as the basis for an opera. Manon is a beautiful girl, desired by many men. On her way to a convent, she meets a young man and elopes with him. Games of chance play a role in the plot developments. Puccini has her brother so involved in a card game that he fails to notice she has been kidnapped by her admirers. Massenet has several gambling scenes, in one of which Manon is accused of cheating and arrested. She dies in prison. A drama.

Gambling is central to Gershwin's *Porgy and Bess*. The scene is Catfish Row in South Carolina. The cripple Porgy is in love with Bess, who is Crown's girl. Crown kills his opponent in a game of craps and flees. Bess moves in with Porgy. Later she is seduced by the gambler Sportin' Life and leaves with him for New York. A drama.

There are two operas based entirely on gambling: *The Queen of Spades* by Tchaikovsky and *The Gambler* by Prokofiev. Tchaikovsky's opera, based on a poem by Pushkin, is the story of the penniless Herman, who falls in love with Lisa. She returns his love although she is promised to a rich prince. Her grandmother, an inveterate gambler in her youth, bought with her favours the secret of the three cards. Herman must learn the secret, but when he is discovered waiting for Liza and draws his pistol, the Countess dies of fright. After her funeral, her ghost visits him and gives him the secret of the three cards: Three, Seven, Ace. He rushes off to the gambling house and Lisa, in despair, throws herself into the canal. At the gambling table, Herman wins twice and insists on a third round. He calls an Ace, but his card is the Queen of Spades. He stabs himself. A bloodcurdling drama!
The Gambler is based on Dostoievsky's book. In Prokofiev's version, he plays with Pauline's money but loses everything. The grandmother who wins so much in the book, is finally bankrupt. And at the end of the opera, the gambler wins but loses Pauline's heart.

Sayings and quotations - for winners and losers

Horatio: Playing is no sin, so long as you know when to stop.

Julius Caesar: The die is cast.

Vergil: Luck is with the daring.

Heine: Luck is like a flirtatious girl who never stays in the same place.

Ovid: Everyone should keep within the borders of his own fate.

Emile Borel, mathematician: However you look at all the humans

134

who have lived or live on earth, you always reach the conclusion that the need to play is more common than the need for bread.

Johan Huizinga, historian: Life is about winning, with a passion that threatens the very light-heartedness of the game.

Albert Einstein: There are two ways of making money from roulette: steal the chips or sell a system.

Louis Pasteur: Luck only favours whoever comes prepared.

Byron: In play, there are two pleasures for your choosing - one is winning, the other losing.

La Fontaine: The chance of losing is greater the more you want to win.

Ruud Lubbers, Dutch Prime Minister: Luck is as slippery as an eel. You have to grip it by the head before it slips away.

Translation Sue Baker

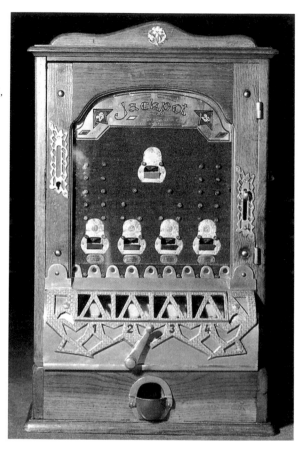

–Jack-Pot, rond 1920 in de Verenigde Staten geproduceerd, vermoedelijk door Jennings. De klassieke machine, die het geld moet doen binnen 'rollen'

–Rol-a-Top, 1935, Verenigde Staten. De felbegeerde muntautomaat met drie rollen: het apparaat bevat twee jackpots plus een prijs in gouddollars

LITERATUUR

- Adama Zijlstra, Mr. A., *Succes in het casino!*, Bussum, 1976
- Adama Zijlstra, Mr. A., *Het Kurhaus van badhuis tot levend monument. Een kroniek van 160 jaren*, Den Haag, 1979
- Adama Zijlstra, Mr., *Vaar Wel Scheveningen. Bonte herinneringen aan een badplaats*, Leiden, 1974
- Castleman, Deke, *Las Vegas*, Hong Kong, 1991
- Dostojevskaja, A.G., *Herinneringen*, Amsterdam, 1975
- Dostojevski, F., *Verzamelde Werken*, deel 4, Amsterdam, 1957
- Dostojevski, F., *Verzamelde Werken*, deel 11, Amsterdam, 1990
- Ewen, David, *The new Encyclopedia of Opera*, London, 1973
- Fischer, Klaus, *Faites votre jeu. Geschichte der Spielbank Baden-Baden*, Baden-Baden, 1975
- Gouw, Jan ter, *De Volksvermaken*, z.l., z.j.
- Hasard, Paul, *Roulette voor iedereen. Een kijkje achter de schermen*, Amsterdam, 1983
- Hermans, Willem Frederik, *De raadselachtige Multatuli*, Amsterdam, 1987
- Janssen, Han, *De geschiedenis van de speelkaart*, Rijswijk, 1985
- Klaver, Fred, *Kansspelen*, Utrecht/Aartselaar, 1986
- Komrij, Gerrit, *Het geld dat spant de kroon. 250 jaar pecuniaire poëzie*, 's-Hertogenbosch, 1987
- Lanza, Cesare, *La Divina Roulette*, Milano, 1986
- Lennep, G.L. van, *Casino*, Amsterdam, 1989
- Multatuli, *Volledig Werk*, deel 9 (Brieven en documenten uit de jaren 1846-1857), Amsterdam, 1956
- Multatuli, *Volledig Werk*, deel 14 (Brieven en dokumenten uit de jaren 1870-1871), Amsterdam, 1982
- Multatuli, *Volledig Werk*, deel 15 (Brieven en dokumenten uit de jaren 1872-1873), Amsterdam, 1983
- Multatuli, *Volledig Werk*, deel 16 (Brieven en dokumenten uit de jaren 1873-1874), Amsterdam, 1984
- Puzo, Mario, *Las Vegas. Bekentenissen van een gokker*, Bussum, 1979
- Rijnen, A.A.M. e.a., *In de kaart gekeken. Europese speelkaarten van de 15e eeuw tot heden*, Amsterdam, 1976
- Sagan, Françoise, *Dierbare Herinneringen*, Amsterdam, 1985
- Terheggen, Ir. Eugene, *Pak je winst en stop. Roulette van A tot Z*, Rijswijk, 1989
- Terlingen, Ir. E.H.M., *Roulette een handleiding*, Laren, 1976
- Veer, Paul van 't, *Het leven van Multatuli*, Amsterdam, 1979

- *American Film Encyclopedia*
- *Casino* jaargangen 1 t/m 8
- *Kobbé's Complete Opera Book*, edited and revised by The Earl of Harewood, London, 1990
- *Kobbé's Illustrated Opera Book. Thirty-two of the World's Best-loved Opera's*, edited and revised by The Earl of Harewood, London, 1989
- *Muntautomaten*, verzameling Jean-Claude Baudot, Brussel, 1983

COLOFON

Het draait allemaal om fortuin, geschreven door Wim Wennekes, werd in het voorjaar van 1992, in opdracht van Thomas Rap te Amsterdam, gezet en gedrukt bij Hooiberg te Epe. Het binnenwerk werd verzorgd door Jansen Binders te Leiden.
Beeldresearch: Lotje Rap en Trix Broekmans
Beeldredactie en research opera en film: Trix Broekmans
Omslag en typografie: Rudo Hartman, Den Haag
ISBN 90 6005 541 1

De samenstellers van dit boek hebben getracht zoveel mogelijk de rechthebbenden op de illustraties te achterhalen. Waar dit niet is gelukt gelieve copy-righthouders zich te wenden tot Holland Casino's te Hoofddorp.

Het boek verschijnt ter gelegenheid van de opening van het
nieuwe Holland Casino te Rotterdam.